Wolfgang Sander (Hrsg.)

Schülerinteresse am Computer

Sozialverträgliche Technikgestaltung
Materialien und Berichte Band 3

Herausgeber: Der Minister für Arbeit, Gesundheit und Soziales
des Landes Nordrhein-Westfalen

Die Schriftenreihe „Sozialverträgliche Technikgestaltung" veröffentlicht Ergebnisse, Erfahrungen und Perspektiven des vom Minister für Arbeit, Gesundheit und Soziales des Landes Nordrhein-Westfalen initiierten Programms „Mensch und Technik – Sozialverträgliche Technikgestaltung". Dieses Programm ist ein Bestandteil der „Initiative Zukunftstechnologien" des Landes, die seit 1984 der Förderung, Erforschung und sozialen Gestaltung von Zukunftstechnologien dient.
Der technische Wandel im Feld der Mikroelektronik und der modernen Informations- und Kommunikationstechnologien hat sich weiter beschleunigt. Die ökonomischen, sozialen und politischen Folgen durchdringen alle Teilbereiche der Gesellschaft. Neben positiven Entwicklungen zeichnen sich Gefahren ab, etwa eine wachsende technologische Arbeitslosigkeit und eine sozialunverträgliche Durchdringung der Gesellschaft mit elektronischen Medien und elektronischer Informationsverarbeitung. Aber es bestehen Chancen, die Entwicklung zu steuern. Dazu bedarf es einer breiten öffentlichen Diskussion auf der Grundlage besserer Kenntnisse über die Problemzusammenhänge und Gestaltungsalternativen. Die Interessen aller vom technischen Wandel Betroffenen müssen angemessen berücksichtigt werden, die technische Entwicklung muß dem Sozialstaatspostulat verpflichtet bleiben. Es geht um sozialverträgliche Technikgestaltung.
Die vorliegende Reihe „Sozialverträgliche Technikgestaltung. Materialien und Berichte" ist wie die parallel erscheinende Schriftenreihe „Sozialverträgliche Technikgestaltung" ein Angebot des Ministers für Arbeit, Gesundheit und Soziales, Erkenntnisse und Einsichten zur Diskussion zu stellen. Es entspricht der Natur eines Diskussionsforums, daß die Beiträge die Meinung der Autoren wiedergeben. Sie stimmen nicht unbedingt mit der Auffassung des Herausgebers überein.

Wolfgang Sander (Hrsg.)

Schülerinteresse am Computer

Ergebnisse aus Forschung und Praxis

Referate und Diskussionsbeiträge des WORKSHOPS am 26.3.1987
im Alexander-von-Humboldt-Haus der
Westfälischen Wilhelms-Universität Münster

Westdeutscher Verlag

Der Westdeutsche Verlag ist ein Unternehmen der Verlagsgruppe Bertelsmann.

Druck und buchbinderische Verarbeitung: Lengericher Handelsdruckerei, Lengerich
Printed in Germany

ISBN 3-531-12023-9

Inhaltsverzeichnis

Vorwort

Der Computer hat sich an allgemeinbildenden Schulen - nicht nur in Nordrhein-Westfalen, sondern in fast allen Bundesländern - mit einer Geschwindigkeit durchgesetzt, die für Innovationen in diesem Bereich durchaus als außergewöhnliche bezeichnet werden kann. So ist es in der langjährigen Geschichte des Gymnasiums ein einmaliger Vorgang, daß ein Fach, das erst seit kurzem, seit der "Bonner Vereinbarung zur Neugesaltung der gymnasialen Oberstufe in der Sekundarstufe II" der Kultusministerkonferenz vom Juli 1972 im Kanon der Obberstufenfächer erwähnt wird, nach einer nur kurzen Versuchszeit innerhalb weniger Jahre nun einen respektablen Platz im Kreise der etalierten Fächer einnimmt. Macht man beispielsweise die Schülerzahlen und die erteilten Wochenstunden zum Maßstab, so hat das Fach Informatik in gut zehn Jahren eine Stellung erreicht, für die andere Fächer wie Physik und Chemie fast 100 Jahre benötigt haben.
Die Phase des stürmischen Wachstums, die um 1981 begann, als die ersten Schulversuche abgeschlossen waren, die Richtlinien für das Fach vorlagen und preisgünstige Computer marktgängig wurden - was sicher ein sehr wesentlicher Faktor war -, dürfte für die Sekundarstufe II des Gymnasiums in den Jahren 1985 und 1986 ihren Höhepunkt erreicht haben. Diese Phase war gekennzeichnet durch vielfältige Aktivitäten, die sich im Effekt gegenseitig verstärkten. Einige seien genannt:

- Die informationstechnologische Bildung war zum Spitzenthema der bildungspolitischen Diskussion geworden. Kaum eine schulische oder erziehungswissenschaftliche Tagung verging, auf der nicht Lehrer, Eltern, Wissenschaftler oder Bildungspolitiker auf die besondere Herausforderung der Schulen durch die neuen Informationstechnologien hinwiesen.
- Die Schulträger, insbesondere die Stellen, die für die Ausstattung der Schulen zuständig waren, unternahmen große und z.T. auch ungewöhnliche Anstrengungen, um möglichst viele Schulen mit Computern auszustatten. Der "Wettkampf" unter den Schulen (durch rückläufige Schülerzahlen noch verschärft) begünstigte diese Entwicklung.
- Nicht zuletzt dem großen Engagement und Pioniergeist der ersten

"Informatiklehrer", die sich zum überwiegenden Teil die Grundkenntnisse im Umgang mit dem Computer und die wesentlichen Inhalte des Faches selbst beigebracht hatten, ist es zu verdanken, daß das Fach innerhalb weniger Jahre am Gymnasium Fuß fassen konnte.

- Die Schüler, die zunächst außerhalb der Schule und später in Schülerarbeitsgemeinschaften ihrem Hobby "Computern" nachgingen, machten nun die erfreuliche Erfahrung, daß sie ihre speziellen Neigungen und Interessen voll in den Unterricht miteinbringen konnten. Lehrer und Schüler arbeiteten fast partnerschaftlich zusammen. Die "Computerfreaks" fühlten sich im Fach Informatik so ernst genommen wie in kaum einem anderen Fach, was natürlich ihre Begeisterung für die Sache wieder verstärkte.
- Im Jahre 1984 startete das Bundesministerium für Forschung und Technologie, das Bundesministerium für Bildung und Wissenschaft und die größeren Computerunternehmen der Bundesrepublik eine Gemeinschaftsaktion "Computer + Bildung", um auf die Bedeutung der neuen Informationstechnologie für das Schulwesen verstärkt hinzuweisen.
- Im selben Jahr beschloß die Bund-Länder-Kommission für Bildungsplanung eine Rahmenkonzeption für die informationstechnische Bildung. Damit war die Vorraussetzung geschaffen, Modellversuche und größere wissenschaftliche Untersuchungen in diesem Bereich zu initieren und zugleich zu intensivieren.

Der Phase des Wachstums folgt nun eine Phase der Konsolidierung, in der man sich mit den typischen Wachstumsproblemen des Faches wird befassen müssen. Insbesondere wird man der Frage nachgehen müssen, ob die inhaltlichen und methodischen Schwerpunkte des Faches noch stimmen und für die Zukunft noch sinnvoll sind. So ist der Wandel von der bisher dominanten Algorithmenorientierung zur Anwendungs- und Benutzungsorientierung nach Auffassung vieler Informatiklehrer unabweisbar. Denn die rasante Entwicklung auf dem Gebiet der Mikroelektronik (Miniaturisierung, Steigerung der Speicherfähgkeit und Schnelligkeit der Rechner, Kostensenkung) und im Bereich der integrierten Softwareprogramme mache eine fundierte und systematische Einführung in eine Programmiersprache mehr und mehr nur zu einer Sache weniger Spezialisten.

An seine Stelle werde die planmäßige und kontrollierte Verwendung fertiger Programme treten. Angesichts der sehr heterogenen Lernvoraussetzungen bei den Informatikschülern und der großen Unterschiede in ihren Interessen, die zu hohen Abwahlen bei den Schülern führen, stellt sich die Frage immer dringlicher, wo das curriculare Profil des Faches verändert werden müsse.
In den hier dokumentierten Referaten und Diskussionsbeiträgen, die auf dem WORKSHOP am 26.3.1987 im Alexander-von-Humboldt-Haus der Westfälischen Wilhems-Universität Münster vorgetragen wurden, haben Wissenschaftler, Informatiker und Vertreter der Schulaufsicht erstmals gemeisam versucht, eine Bestandsaufnahme dessen vorzunehmen, was im Fach bisher erreicht wurde. Während eines ganzen Tages wurde engagiert und für beide Seiten - Wissenschaftler wie Unterrichtsprkatiker - mit großem Gewinn erörtert, welche Probleme im Fach Informatik bestehen und welche Lösungsmöglichkeiten denkbar sind. Dabei wurde in mehreren Punkten deutlich, daß sich das Fach in einer Umbruchsituation befindet.
Das Kurswahlverhalten der Schüler und Schülerinnen ist ein guter Indikator, um einerseits das enorme Wachstum des Faches und andererseits gewisse Wachstumsprobleme deutlich zu machen. Anhand der Daten aus der Schulstatistik des Landes Nordrhein-Westfalen und der Ergebnisse der Münsteraner Studie zum Informatikunterricht an Gymnasien wird zunächst eine solche Zustandsbeschreibung vorgenommen (s. Beitrag W.Sander).

Der sicherlich auffällige Befund, daß sich Mädchen deutlich weniger für den Computer interessieren, bestimmt zur Zeit sehr stark die Diskussion um den Computereinsatz in der Schule. Übersehen wir dabei aber vielfach, daß auch ein Großteil der Jungen das Fach Informatik nach einer anfänglichen Begeisterung wieder abwählen. Die Unterscheidung nach Geschlecht erfaßt das Problem nur oberflächlich. Vielleicht mag hier eine Schülertypologie, in der unterschiedliche Einstellungen und Interessen berücksichtigt sind, mehr Aufschluß darüber geben, bei welchen Schülern und Schülerinnen das gegenwärtige Unterrichtsangebot auf Resonanz stößt und bei wem bzw. welcher nicht. (s. die Beiträge von J.Schoch-Boesken und M.Elpers)

Wie das Unterrichtsangebot im Fach Informatik z.Z. aussieht, versucht A.Pietig durch eine Analyse der Richtlinien und durch eine Lehrerbefragung zu eruieren. Der Zusammenhang zwischen Unterrichtsangebot und Interesse wie auch Wahlverhalten der Schüler wird hier deutlich.
Anhand neuer empirischer Untersuchungen geht H.Baerenreiter der Frage nach, was wir denn eigentlich über das Interesse von Jugendliche am Computer wissen. Er kann zeigen, daß das Interesse eingebettet ist in ein Umfeld von Einstellungen und Orientierungsmustern, daß wir in der Erforschung dieses Zusammenhanges erst am Anfang stehen.
G.Paul vertieft diesen Gedanken, indem er von drei verschiedenen Ansätzen her Zusammenhänge deutlich zu machen versucht: Das Faszinierende am Computer, der Computer als biographisches Datum und der Computer als Mythos.
Im anschließenden Beitrag geht es um Schwerpunkte der Lehrerfortbildung (s. R.Aldejohann). Besonders die sich an dem Vortrag anschließende Diskussion macht deutlich, wo spezifische Probleme des Faches liegen.
Der WORKSHOP wurde im Rahmen des Projektes "Schüler und Computer" durchgeführt, das vom Minister für Arbeit, Gesundheit und Soziales des Landes NRW im Rahmen des Programmes "Sozialverträgliche Technikgestaltung" gefördert wird. Dank der organisatorischen Hilfe durch Herrn Bornefeld-Ettmann (dem damaligen Leiter der Arbeitsstelle Forschungstransfer der Universität Münster), der finanziellen Unterstützung der Stadt Münster und des Engagements der wissenschaftlichen und studentischen Mitarbeiter des Projektes konnte die Tagung gelingen. Die Endredaktion der hier vorliegenden Texte besorgte Marietta Elpers.
Ihnen allen sei herzlich gedankt.

Dr. Wolfgang Sander

Leiter des Projektes "Schüler und Computer"

Wolfgang Sander

Das Fach Informatik und das Kurswahlverhalten von Schülerinnen und Schülern in der gymnasialen Oberstufe

Problemstellung in sieben Punkten

1. Wie in allen Ländern der Bundesrepublik so werden auch in Nordrhein-Westfalen große Anstrengungen unternommen, neben einer informations- und kommunikationstechnologischen Grundbildung (Sek. I) auch das Fach Informatik in der Oberstufe des Gymnasiums zu etablieren. An die Sache und an das Fach werden große Erwartungen geknüpft. Entsprechend fällt die finanzielle Unterstützung großzügig aus, und die Ausstattung der Schulen mit Computern geht rasch vonstatten. Die Veränderungen von 1984 nach 1985 in den Schulen von NRW zeigen dies sehr deutlich.

Tab.1: Ausstattung der Schulen mit Computern (NRW)

	1984			1985		
	Computer	Schulen	in v.H. aller Schulen	Computer	Schulen	in v.H. aller Schulen
1	2	3	4	5	6	7
Hauptschule	618	165	12,7	3225	590	45,8
Realschule	1243	284	51,4	2912	452	82,0
Gymnasium	2448	544	84,9	4288	605	94,5
Gesamtschule	138	29	51,8	326	46	71,9
Sonstige Schulen				77	27	35,1
Allgemeinbildende Schulen zusammen	4447	1022	40,1	10828	1720	65,6

Quelle: Kultusminister des Landes NRW

Die Zuwachsraten sind beachtlich: Die Anzahl der Rechner an allen Schulen in NRW stieg von 4447 im Jahre 1984 auf 10.828 im Jahre 1985. Sie hat sich innerhalb eines Jahres mehr als verdoppelt (Zuwachsrate 142,0 v.H.). Der Zuwachs war im Bereich der Hauptschulen am größten. In der Ausstattung belegen jedoch die Gymnasien den ersten Platz (Ausstattungsgrad 94,5 v.H.).

Für die Arbeit an den Schulen und im Unterricht ist entscheidend, wieviel Arbeitsplätze zur Verfügung stehen. Auch die Ausstattungsdichte ist innerhalb eines Jahres erstaunlich verbessert worden.

Abb.1: Ausstattungsdichte der Schulen mit Computern (NRW 1984 und 1985)

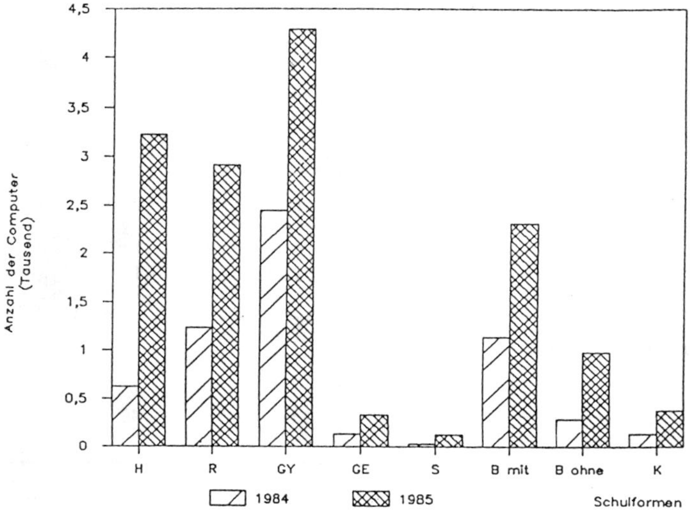

H = Hauptschule		S	= Sonderschule
R = Realschule		B mit	= Berufsschule mit kaufm. Fachrichtung
GY = Gymnasium			
GE = Gesamtschule		B ohne	= Berufsschule ohne kaufm. Fachrichtung
		K	= Kollegschule

Die Anstrengungen, die die Schulträger - in der Regel Städte und Gemeinden - auf sich genommen haben, sind beachtlich, zumal der finanzielle Spielraum in den Haushalten der Kommunen in den letzten Jahren sehr eng geworden ist.
Das ist wiederum nur dadurch zu leisten, daß z.T. zu Lasten anderer Bereiche Umschichtungen im (Schul-) Haushalt vorgenommen werden.

Als Beispiel sei hier die Stadt Münster genannt. Im Jahr 1985 hat der Rat der Stadt ein Sonderprogramm für die Beschaffung von Computern in Höhe von insgesamt 500.000 DM beschlossen (verteilt auf die Jahre 1985 bis 1988). Parallel dazu hat die Stadtsparkasse im Jahre 1984 50.000 DM und im Jahre 1985 100.000 DM für diesen Zweck zur Verfügung gestellt. Erhöht wird diese Summe von insgesamt 650.000 DM noch um die Mittel aus den regulären Schuletats der einzelnen Schulen, um die Schulneubaumittel, die Spenden der Schulfördervereine und die Spenden der Wirtschaft. Es ist eher zu gering angesetzt, wenn man hier von insgesamt 1 Million DM Computerbeschaffungsmittel in vier Jahren ausgeht.

Schon allein dieses finanzielle Engagement schafft - vielleicht heute noch nicht, aber auf Dauer - Legitimationsbedarf für das Fach Informatik. Dies heute umso mehr, als der Fächerkanon der gymnasialen Oberstufe wieder auf die klassischen Fächer eingegrenzt werden soll.

2. Die Frage, ob demnächst eine Modernisierung der Computer notwendig ist, um das Fach in der Schule sachangemessen unterrichten zu können, wird heute von den kommunalen Entscheidungsträgern - zumindest in der Öffentlichkeit - noch nicht gestellt. Denn - damit komme ich zum zweiten Punkt - noch stehen die Erfolge des Faches zu sehr im Vordergrund. Sie rechtfertigen gleichsam aus sich heraus diese Investitionen.
An erster Stelle ist sicher die Begeisterung eines Großteils der Schüler für das Fach zu nennen.
Der Zuwachs an Kursteilnehmern in der Jahrgangsstufe 11 im Fach Informatik ist beachtlich:

Abb.2: Prozentualer Schüleranteil im Fach Informatik (NRW)
Kurse in den Jahrgangsstufen 11 von 1983 bis 1985

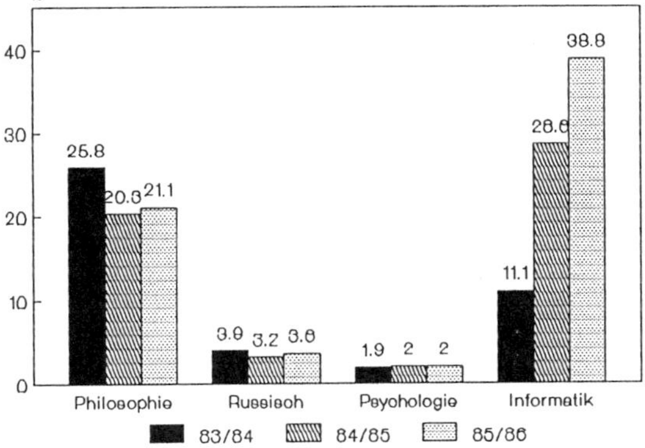

Innerhalb von drei Jahren hat sich die Zahl der Anfänger im Fach Informatik mehr als verdoppelt.
Keinem anderen Fach ist es bisher gelungen, in so kurzer Zeit im Fächerkanon der gymnasialen Oberstufe Fuß zu fassen. Das Fach Informatik steht hier einmalig da.
Vergleicht man die Kurswahlen in 11,1 insgesamt, so hat das Fach Informatik in der gymnasialen Oberstufe damit in kürzester Zeit altehrwürdige Fächer wie Philosophie und neuere Fächer wie Psychologie und Russisch überholt.

3. Diese unbestreitbaren Erfolge dürfen uns aber nicht über Probleme hinwegsehen lassen. Von Insidern wird angesichts dieser Zuwachsraten längst die Sorge geäußert, das Fach sei zu schnell groß geworden; man müsse jetzt seine Kraft darauf verwenden, mit den typischen "Wachstumsstörungen" fertig zu werden, wenn man nicht Gefahr laufen wolle, daß die Computer in wenigen Jahren in der Ecke stehen, verstauben und dasselbe Schicksal erleiden wie die Sprachlabors. Ich kann nicht beurteilen, wieweit diese Einschätzungen zutreffen. Damit die Befürchtungen nicht eintreten, sollten wir sensibel sein gegenüber Krisensymptomen. Auf zwei Krisensymptome möchte ich hier hinweisen: das Abwahlverhalten insgesamt und das Wahlverhalten der Mädchen.

Zur Abwahl: Eine hohe Anzahl der Informatikschüler und schülerinnen wählen das Fach wieder ab, insbesondere am Ende der Jahrgangsstufe 11.1 (Abbildung 3).

Wählen in der Jahrgangsstufe 11 (im Untersuchungsjahr der Münsteraner Studie 85/86) noch 53 v.H. eines Jahrgangs das Fach Informatik, was die anfänglich hohe Attraktivität des Faches unterstreicht, so in der Jahrgangsstufe 12 nur noch 18 v.H. und in der Jahrgangsstufe 13 noch 12 v.H.

Abb.3: Anteil der Informatikschüler/innen in den Jahrgangsstufen, in denen das Fach Informatik angeboten wurde

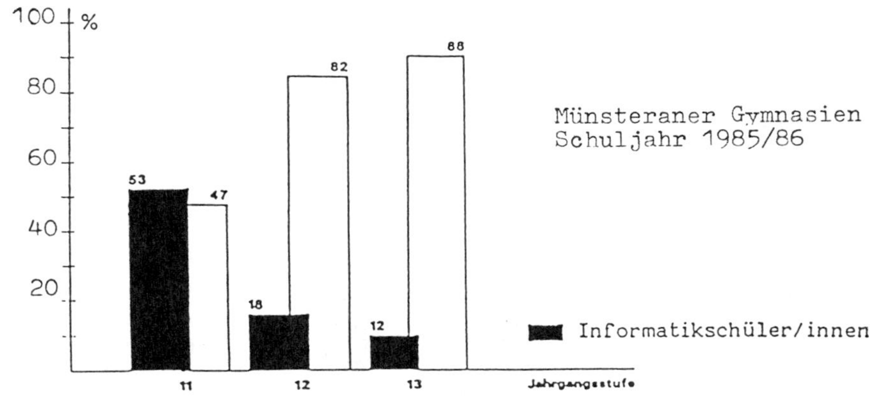

Der Anteil der Informatikschüler unter den Schülern der gymnasialen Oberstufe geht also rapide zurück.
Dieses Bild ist aber nur eine Momentaufnahme aus dem Jahre 1985. Wir können daher nur feststellen, daß die Informatikschüler anteilmäßig stark zurückgehen, aber genaue Auskunft über das Abwahlverhalten haben wir so nicht; sie ergibt sich erst aus einer Zeitreihenanalyse.
Verfolgt man den Oberstufenjahrgang 1984 über drei Jahre (1984,1985,1986) hinweg, so ergibt sich - wiederum auf die neun Münsteraner Gymnasien bezogen - für das Fach Informatik eine Abwahlquote von 75,2 v.H. (inclusive Schülerschwund).
Im Fach Informatik zeigen sich hier ähnliche Abwahltendenzen, wie sie im Fach Physik schon seit Jahren bekannt sind, aber sehr viel deutlicher. Im Fach Physik wählen 40 v.H. das Fach im Laufe der Oberstufe ab, im Fach Informatik sind es nach vorliegenden Zahlen 75,2 v.H. (vgl. Abbildung 4b).

Abb.4: Kurswahlverhalten in Münster (Deutsch, Physik, Informatik)

a. Veränderungen innerhalb eines Jahrgangs von 11 nach 13 (Beginn 1984)

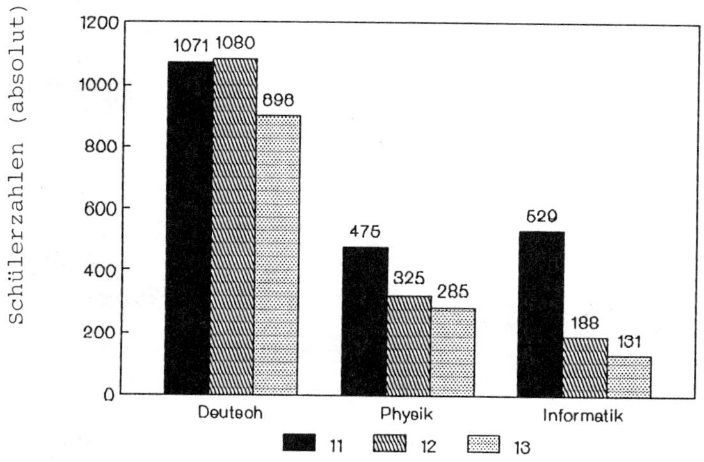

GG: 9 Münsteraner Gymnasien, an denen das Fach Informatik seit 1984 durchgängig angeboten wurde.

b. Prozentuale Abwahlquote von Jahrgangsstufe 11 nach Jahrgangsstufe 13 (bezogen auf Jahrgangsstufe 11)

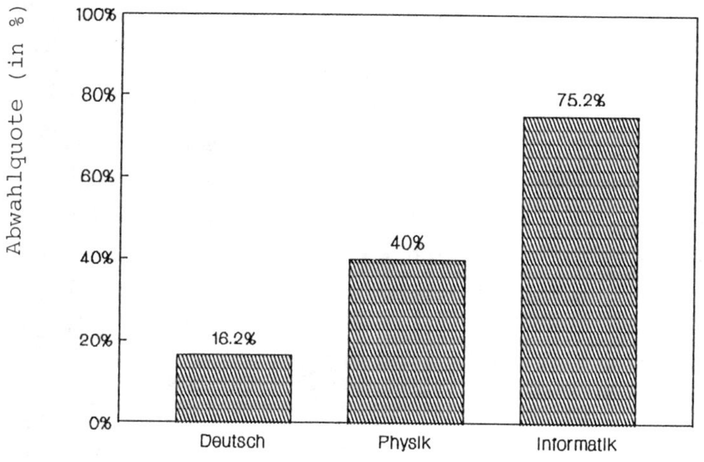

GG: 9 Münsteraner Gymnasien, an denen das Fach Informatik seit 1984 durchgängig angeboten wurde.

Das Wahlverhalten der Münsteraner Gymnasiasten stellt keine Besonderheit dar, sondern kann landesweit festgestellt werden.

Abb.5: Kurswahlverhalten in NRW (Deutsch, Physik, Informatik)

a. Veränderungen innerhalb eines Jahrgangs von 11 nach 13 (Beginn 1983)

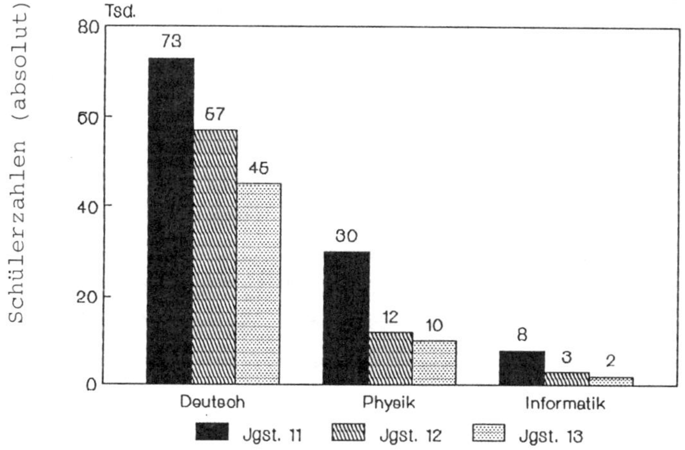

b. Prozentuale Abwahlquote in NRW (von Jgst. 11 nach Jgst. 13, bezogen auf Jgst. 11)

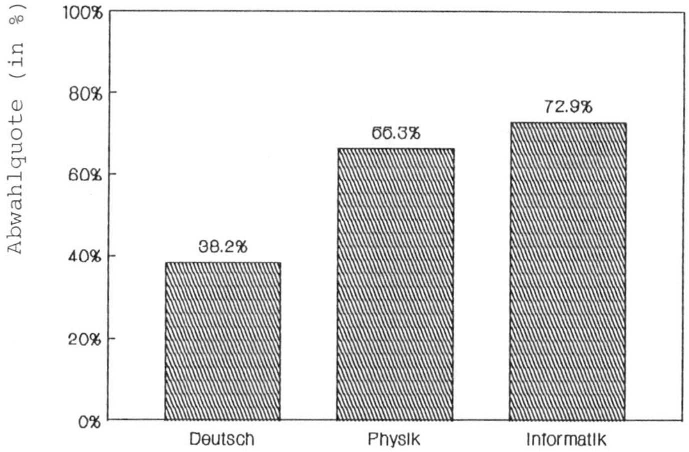

Ein Ergebnis unserer Untersuchungen, das bisher so noch nicht bekannt war, besagt: Die Abwahlen im Fach Informatik sind dramatisch hoch. In keinem anderen Fach der gymnasialen Oberstufe ist die Abwahl so hoch wie im Fach Informatik.

Man könnte nun einwenden, das sei nicht so dramatisch, wie es hier dargestellt werde; dies sei ein ganz normaler Befund. Außerdem komme diese Entwicklung dem Fach zugute, weil dadurch nur die hochmotivierten Schüler in den Kursen blieben. Erwidern möchte ich: Man beachte die hohen Kurswahlen zu Beginn der Jahrgangsstufe 11 - auf freiwilliger Basis! Welche enttäuschten Erwartungen mögen bei Schülern und Eltern mit diesen Abwahlen einhergehen, selbst wenn man eingesteht, daß die Abwahl vielfach durch die Wahlpflichtbindungen der Sekundarstufe II und durch stundenplantechnische Probleme bedingt ist. Ich meine, man sollte diese Enttäuschungen nicht auf die leichte Schulter nehmen.

4. In der Münsteraner Studie tritt ein weiteres Phänomen besonders auffällig zu Tage, das vom Trend her bekannt ist, aber in seinen Ausmaßen bisher ebenfalls noch nicht nachgewiesen wurde, und das in der amtlichen Schulstatistik auch nicht nachgewiesen werden kann, da die entsprechenden Daten nicht erhoben werden.

Abb. 6: Anteil der Mädchen in den Informatikkursen

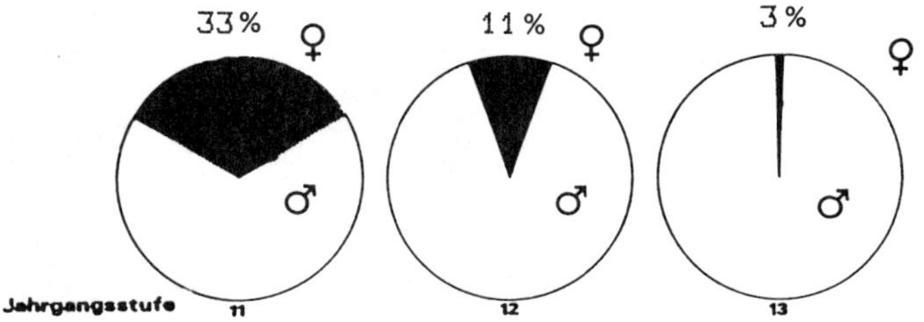

Besonders auffällig ist, daß der Anteil der Schülerinnen in den Informatikkursen sehr gering ist und im Laufe der Oberstufe rapide zurückgeht.

5. Ich möchte in meinen Ausführungen nun nicht wieder die geschlechtsspezifischen Unterschiede und die Technikdistanz der Mädchen beschwören.
Interessanter und zugleich weiterführender scheint mir eine

andere Sichtweise zu sein, die sich ergibt, wenn man beide Befunde zusammensieht: Dann wird nämlich sichtbar, daß neben den Mädchen auch sehr viele Jungen das Fach wieder abwählen. Die hohe Abwahl der Mädchen ist demnach nur die Spitze eines Eisberges, sie signalisiert u.a., daß der Informatikunterricht, wie er bisher angeboten wird, auf Dauer nur bei wenigen Jungen auf Resonanz stößt.

Wenn man diese Daten als Krisensymptome ansieht, stellt sich die Frage nach dem Zusammenhang von Schülerinteresse und Informatikunterricht.

- Welcher Schüler, welche Schülerin bleibt bei der Stange, vielleicht trotz Schwierigkeiten?
- Wer wählt dieses Fach ab ?
- Mit welchen Schüler- und Schülerinnengruppe hat es der Lehrer zu tun in der Jgst. 11, in der 12 und 13?
- Welche unterschiedlichen Interessen haben diese Schüler und Schülerinnen am Fach Informatik, am Computer?

6. Ein Hauptziel der Münsteraner Untersuchung ist es, <u>verstehen zu lernen</u>, warum Schüler und Schülerinnen das Fach Informatik wählen, das Fach beibehalten oder es wieder abwählen. Dazu ist es u.a. notwendig, die unterschiedlichen Interessen der Schüler und Schülerinnen ausfindig zu machen und auf dieser Grundlage eine differenzierte Typologie der Schüler und Schülerinnen zu entwickeln.

Die Schülertypologie soll es dem Lehrer erleichtern, die unterschiedlichen Motive und Zugangsweisen zum Informatikunterricht und zum Computer <u>wahrzunehmen</u> und zu <u>verstehen</u>, damit er bei der Unterrichtsplanung nicht nur die Guten, die Computerspezialisten, die sowieso schon auf seiner "Wellenlänge liegen", im Auge hat, sondern auch die weniger Guten, die sich mit dem Fach schwer tun. In der Didaktik ist dies ein klassisches Problem der Bedingungsanalyse. Es klingt so einfach, es ist aber weder von der Didaktik noch von der Fachdidaktik gelöst worden, auch nicht in anderen Fächern.

Innerhalb der Münsteraner Studie kann die sich anschließende

Frage, wie die unterschiedlichen Schülerinteressen berücksichtigt werden können, nicht beantwortet werden. Dazu ist eine weitere Untersuchung erforderlich. Außerdem ist dies vorrangig Sache der erfahrenen Fachlehrer. Aber diese Typologie kann, wenn sie gut ist, den Lehrer für unterschiedliche Sichtweisen, Motivationen und Interessenlagen der Schüler und Schülerinnen sensibilisieren.

J. Schoch-Boesken wird im zweiten Teil vorstellen, wieweit unsere Arbeit an der Typologie gediehen ist und wo noch Probleme sind. Die Diskussion mit Ihnen wird für die weitere Arbeit sicher hilfreich sein, ich denke hier besonders auch an das Referat von Gerd Paul vom Institut für Sozialforschung der Universität Frankfurt, der von der Alltagssoziologie her kommt und an die kritische Bestandsaufnahme durch Harald Baerenreiter.

Ein zweites Ziel unserer Studie besteht darin, korrespondierend zu dieser Schülertypologie zu untersuchen, wie das inhaltliche Profil des Faches Informatik z. Zt. aussieht und inwiefern das Curriculum Informatik eher auf bestimmte Schülerinteressen zugeschnitten ist und die anderer vernachlässigt. Vielleicht werden von dieser Perspektive aus einige Stellen deutlich, wo Handlungsspielraum und -bedarf besteht.

Diskussion:

In den Beiträgen zur Erklärung des Abwahlverhaltens der Informatikschüler und -schülerinnen wurden zwei Aspekte in den Vordergrund gestellt: Zum einen das Fehlen einer Fachdidaktik für Informatik, zum anderen Informationsdefizite bei den Schülern, auf die das Fach Informatik in der Jahrgangsstufe 11 eine große Attraktivität ausübt.

Herr Prof. Möller eröffnete die Diskussion mit einer Bemerkung aus Sicht des Mathematikdidaktikers. Er stellte heraus, daß die Ursachen für das Abwahlverhalten der Schüler, die im Unterricht selbst begründet liegen, noch nicht genügend erforscht seien. Er führte aus:

"Die Informatik hat noch keine Didaktik, das ist in der Gesellschaft für Informatik anerkannt, es ist auch keine zu erwarten. Und fast alle, ich glaube sogar alle Informatiklehrer, haben im Selbststudium in einem unglaublichen Aufwand sich das angeeignet, was sie in den Unterricht einbringen, was natürlich nicht verhindert, daß der Unterricht nicht so läuft, wie sie es sich wünschen, insbesondere nicht das Interesse der Schüler erhält. Aus der Statistik geht sehr schön hervor, daß Neugier, und ähnliche Aspekte wie Berufserwartungen eine Rolle spielen, aber ein Fach attraktiv zu gestalten, bedarf anderer Überlegungen."

Ursachen sind seiner Meinung nach u.a. in der prekären Ausbildungs- und Fortbildungssituation an den Hochschulen zu sehen. Er nannte die unzureichende Hardwareausstattung des Heinrich-Behnke-Instituts, das an der Universität Münster bis vor kurzem allein die Fortbildung in Datenverarbeitung durchführte, ebenso wie die unzureichende Ausstattung mit wissenschaftlichem Personal:

"Das Heinrich-Behnke-Seminar hat, um eine einzige Mitarbeiterstelle zu erhalten, an den Dienstherrn, das Wissenschaftsministerium, einen Projektantrag gestellt 'Analysis mit Graphik-Computern', denn seit 1982 gibt es in diesem Traditionsseminar, viele von Ihnen werden es kennen, keinen Studienrat im Hochschuldienst mehr und keinen wissenschaftlichen Mitarbeiter. Der Antrag wurde als forschungswürdig eingestuft, ist aber nicht gefördert worden, weil das Land angeblich kein Geld hat. Typisch für die Ablehnung ist, daß ein Gutachter schreiben durfte: 'Und schließlich meine ich, daß der Einsatz von Computern den Spieltrieb von Lehrern und Schülern fördert und damit die Kreativität noch mehr zurückgedrängt wird als bisher'. Das war ein DV-Antrag im Wissenschaftsministerium, und dieses Gutachten ist akzeptiert, und der Referent hat diesen Satz angestrichen und als Anlaß für eine Zurückstellung genommen. Ich will damit nur die geistige Grundtendenz in unserem Lande ein bißchen andeuten und vielleicht noch erinnern, daß auch das Bundesministerium für Bildung und Wissenschaft erklärt hat, die Fortbildung Informatik könne von den Rechenzentren übernommen werden."

Herr Dr. Sander wies auf die Bedeutung von "externen" Randbedingungen für das Wahl- und Abwahlverhalten der Schüler und Schülerinnen hin und konkretisierte seine Ausführungen an Hand von Beispielen: Durch das Fach Informatik können nur wenige Pflichtbindungen abgedeckt werden, was Auswirkungen hat auf den Stellenwert des Faches im gymnasialen Curriculum, also den "Gebrauchswert" des Faches für den Schüler. Im weiteren berücksichtigt die aktuelle Diskussion um dem Fächerkanon vorrangig traditionelle Schulfächer, wodurch weniger etablierte Fächer an den Rand gedrückt werden. Er schloß:

"Unsere Perspektive, das ist vielleicht auch deutlich geworden, ist einfach durch die Frage bestimmt: Wie kommt das Fach, so wie es ist, bei den Schülern und Schülerinnen an, welche Faktoren mögen bei den Schülern dazu geführt haben?"

Herr Baerenreiter regte an, "pädagogische Gewißheiten", wie den "naturwüchsigen, 'unmittelbaren Zusammenhang von Mathematik und Informatikunterricht ", der in den Köpfen von Pädagogen zu bestehen scheine, neu zu überdenken:

"Möglicherweise ist das einer der Abwahlgründe, daß das alltagsweltlich in den Köpfen der Schüler gar nicht so ist, daß Informatik gar nichts Mathematisch-naturwissenschaftliches oder Technisches ist. Stellen wir uns einen Schüler vor, der damit Kunst machen will, was hilft ihm die Mathematik. (...) Vielleicht sollte man alle diese Gewißheiten noch einmal mit einem Fragezeichen versehen, bevor wir von naturwüchsigen Unmittelbarkeiten ausgehen."

Herr Paesler illustrierte - im Blick auf das Abwahlverhalten der Schüler - aus der unterrichtlichen Praxis eines Informatiklehrers Beschränkungen, denen die Informatiklehrer als Autodidakten unterworfen sind: Die Schüler wählten häufig aus allgemeinem Interesse am Computer den Informatikunterricht; die Informatiklehrer, häufig Mathematiklehrer, seien in erstmalig durchgeführten Kursen häufig noch nicht in der Lage, die didaktische Konzeption so zu gestalten, daß alle Schüler berücksichtigt werden können. Er führte aus:

"... der Unterricht wird - falls das Thema für mich als Beginner erstmalig und neu ist - doch im wesentlichen bestimmt durch diese, in der Gruppe 6 eingeteilten 'Freaks', da kommt sich dann der ein oder andere ganz normale Kursteilnehmer, gemessen an den dort erzielten Fortschritten doch sehr bescheiden in seinem Leistungsvermögen vor. Diese Frustrationen, die sie hier haben, nicht auf bescheidenem und normalem Wege zu seinen Erfolgen zu kommen, könnten zur Abwahl führen. Nicht jeder Schüler kann z.B. nachmittags Programme eingeben oder mutet sich das zu. Die normale Teilnahme am Unterricht reicht also im allgemeinen eben nicht aus, um zur Spitze vorzurücken, und da ein hoher Prozentsatz auch auf die Perspektive Noten und Punkte achten muß, ist also, meiner Meinung nach, durchaus ein Abwahlgrund darin zu sehen, daß wir als Lehrer den Unterrichtsstandard noch nicht so souverän konzipieren können, daß wir allen Schüler, die sich in hinreichendem Maße einsetzen, befriedigenden Erfolg vermitteln können. Wir müssen noch zuviel abgeben, aus meiner Perspektive, an diese Selbstläufer, die also wirklich 15 Stunden am Computer sitzen."

Für seinen zweiten Durchlauf konnte er erwartungsgemäß bessere Daten nennen: "mehr Durchblick, weitreichendere Perspektiven, angemessener organisierbare Lernebenen - mit dem Erfolg homogenerer Kursleistungen."

Herr Prof. Lippe stellte heraus, daß Informationsdefizite bei den Schülern über den Begriff und das Fach Informatik zu Frustration und Abwahl führen könnten:

"... die große Frustration kommt, glaube ich, daher, daß die Leute keine richtige Vorstellung haben. Viele Vorstellungen sind geprägt von Spielcomputern, die von Schülern schon relativ früh eingesetzt werden. Dies führt dann schnell zu der Ansicht: "Das ist doch nicht das, was wir uns vorgestellt haben." So kommt es gerade am Anfang zu dieser relativ hohen prozentualen Abwahl." Er hielt eine Beseitigung der Informationsdefizite bei den Schülern bereits im Vorfeld des Informatikunterrichts (Ende Sekundarstufe I) für notwendig.

Herr Dr. Sander wies darauf hin, daß durch die informations- und kommunikationstechnische Grundbildung die Schüler in der Sekundarstufe I in Kontakt mit dem Computer kommen und so diese Informationsdefizite in naher Zukunft beseitigt werden könnten.

Herr Meier ging auf das statistisch auffällige Kurswahlverhalten der Schüler und Schülerinnen in der Jahrgangsstufe 11,1 ein und interpretierte es im Sinne zu hoher Kurswahlen zu Beginn der Jahrgangsstufe 11,1:

"... Daher werden sich am Ende der 11 also durchaus Gruppen ergeben, die als verhältnismäßig normal anzusehen sind. In der 12, auch in der 13 noch, wenn es auf die Prüfung zugeht, gibt es Informatikkurse, die relativ stabil sind und in etwa dem Wahlverhalten in anderen Fächern entsprechen. Das spricht für die Informatik, weil die Informatik sich ja in Konkurrenz zu sehr alten, didaktisch sehr ausgeformten Fächern befindet, etwa klassischen Naturwissenschaften, Chemie und Physik. Da bewährt sich die Informatik aufs Ende gesehen, bereits jetzt - nach einem Lebensabschnitt von zwanzig Jahren, vielleicht auch nur zehn Jahren - recht gut. Das Abwahlverhalten muß man also etwas in Beziehung setzen zu den übertriebenen Erwartungen zu Anfang der 11,1."

Informationsdefizite sah er vor allem bei den Schülern. Aber auch die Lehrer wüßten nicht so recht, was sie erwartet, denn bei der Konzeption der jetzigen Richtlinien habe die Realisierbarkeit auf der Grundlage der apparativen und personellen Ausstattung im Vordergrund gestanden.

"Es ist gar nicht so sicher zu sagen, wie in zehn Jahren unsere Erkenntnisse hinsichtlich eines richtigen Curriculums oder eines dann möglichen Curriculums aussehen werden. Es gibt z.Z. durchaus erhebliche Konvulsionen bei allen Fachlehrern, was den Richtlinienanspruch angeht. Es gibt sehr viele Vorstellungen, ob wir nicht doch etwas weg müssen von der sehr stark ganz auf eine bestimmte Programmiersprache gestützten Algorithmik. Faktisch hat sie sich ganz gut bewährt, diese Richtlinienthematik, aber bleiben kann sie vermutlich in voller Breite nicht. Der Anspruch der gesamten Wissenschaften und der Technologie, der Berufswelt, die Computer einsetzt, ist noch zu unübersehbar, vermutlich auch noch zu stark in der Entwicklung. Wir sind leider noch unsicher."

Herr Lommel sah nicht in der unzureichenden Ausstattung der Schulen mit Hardware den eigentlichen Grund für das hohe Abwahlverhalten der Schüler, sondern wie Herr Prof. Möller im Fehlen einer Fachdidaktik für Informatik. Er führte aus:

"Wenn man die Algorithmik in der Informatik der gymnasialen Oberstufe nimmt, dann ist ein so hohes Maß an Kreativität gefordert, das kein anderes Schulfach hat. Und diese Diskrepanz ist es eigentlich, die meiner Ansicht nach, das Abwahlverhalten bestimmt. Die Schüler sagen: Das schaff' ich nicht, es gibt welche, die können das, ich aber kann das nicht. Diese Diskrepanz gibt es, meiner Ansicht nach, in keinem anderen Fach. Die Aufgabe der Didaktik der Informatik wäre gewesen, das ganze so aufzubereiten, daß diese Schwellen möglichst klein werden."

Er sah in diesem Bereich die größten Veränderungsmöglichkeiten und fügte hinzu:

"Das muß nicht gerade in der Mathematik sein, auch wenn Herr Möller gerne diese Affinität sieht."

Herr Prof. Möller sah sich in diesem Punkt mißverstanden und betonte, daß die Informatik eine eigene Didaktik braucht. Der Zusammenhang von Mathematik und Informatik beziehe sich lediglich darauf, daß die Informatik aus den Fehlern der Mathematikdidaktik lernen könne.

Herr Tüllmann stimmt mit den Vorrednern überein, daß sowohl

Änderungen in der Inhaltsstruktur des Faches als auch ein Senken des Niveaus erfoderlich sei.
Einerseits könnte durch eine solche Erhöhung der Attraktivität des Informatikunterrichts das Abwahlverhalten verändert werden, andererseits könnten durch eine bessere Vorinformation der Schüler geringere Zugangszahlen in der Jahrgangsstufe 11,1 erreicht werden. Hier werde das Fach mit unterschiedlichen Erwartungen konfrontiert:

"... M.E. besteht hier ein Konflikt zwischen den Zielen der Fachdidaktiker, die die augenblicklichen Schwerpunkte im wesentlichen wahrscheinlich für sinnvoll und richtig ansehen, und den Zielen der Gesellschaft, die eigentlich ja ganz anders aussehen. Denn mit der Einführung des Faches Informatik soll möglichst jeder Schüler und jede Schülerin mit dem Computer in Kontakt kommen, damit sie die Angst vor dieser neuen Technik verlieren- und was sonst noch an Gründen immer wieder angeführt wird. Insofern tut sich hier, so meine ich, ein ziemlicher Konflikt auf zwischen den Zielvorstellungen der Fachleute, die das Fach unterrichten, und den Motiven, die zu einer so massiven Förderung des Faches geführt haben. Ein Vergleich mit dem Fach Technik macht dies besonders deutlich. Dies Fach wurde ja auch vor einigen Jahren ins Gymnasium eingeführt, hat dort aber ein völlig anderes Schicksal erlebt. Dahinter stehen offenbar ganz andere Interessen, und da muß man jetzt auch sehen, welche Konflikte sich daraus ergeben, wenn wir das eine oder das andere wollen."

Herr Reuter stellte die Frage nach den Zielen des Informatikunterrichts in der Oberstufe in den Vordergrund seiner Überlegungen. Er führte aus:

"... Ich glaube, die Fachdidaktik, die im Fach Informatik total fehlt, kann sich auch erst entwickeln, nachdem man die Frage geklärt hat, was will man eigentlich in einem Oberstufenfach Informatik erreichen. Das Wahlverhalten der Schüler in der 11,1 zeigt meiner Meinung nach ganz klar, daß es nicht Sinn des Faches Informatik in der Oberstufe (als Oberstufenfach, Grundkursfach) sein kann, ein gewisses Bedürfnis der Schüler nach Information über Informatik zu befriedigen, sondern daß inhaltlich erstmal klargestellt werden muß, welche Inhalte in einem

Oberstufenfach vermittelt werden sollten. Parallel dazu sollte für das Bedürfnis nach Information über die neuen Techniken und über das, was man unter Informatik versteht, ein Konzept entwickelt werden, wie man die Schüler in die Lage versetzt, ihr Informationsbedürfnis zu stillen. Und wenn das geklärt ist und hier eine klare Trennung vollzogen ist, dann glaube ich auch, daß wir im Grundkursbereich nicht mehr so hohe Abwahlquoten haben, sondern daß sich dann ein normales Fach in der Oberstufe etabliert, und zusätzlich vielleicht irgendwo die Möglichkeit besteht für die Schüler, sich in der Schule zu informieren, was man unter Informatik versteht."

Herr Prof. Lippe griff diesen Gedanken auf und regte an, zu trennen zwischen EDV-Grundkenntnissen allgemein und Informatik speziell. Er führte aus:

"Ich wehre mich ein bißchen dagegen, mit dem Begriff Informatik alles Mögliche zu verbinden, was eigentlich gar nicht mehr zum Fach Informatik als solchem gehört. Und deswegen würde ich es für sinnvoll erachten - EDV-Einsatz erfolgt später überall im Berufsleben - einmal EDV-Grundkenntnisse zu vermitteln, d.h. Umgang, Bedienung, ohne spezifische Kenntnisse von dem, was wirklich an Informatikinhalten darunter ist, und zum anderen eben Informatik als Fach als solches. Das ist eigentlich das, wofür ich plädiere."

Herr Schelte berichtete vom Modellversuch 'Informatik im Differenzierungsbereich' in der Mittelstufe, an dem das Freiherr-vom-Stein-Gymnasium seit drei Jahren teilnimmt. Seine Beobachtung war ebenfalls, daß die Schüler falsche Erwartungen an den Unterricht hätten. So entstünden dann z.B. Enttäuschungen bei den Schülern, wenn Vorstellungen vom Computer als einem leicht handhabbarem Hilfsmittel mit in den Unterricht genommen würden. Er berichtete über das Abwahlverhalten der Schüler:

"Wir haben bei uns in der Klasse 9 in den letzten Jahren zunächst projektmäßig gearbeitet. Wir haben dabei am Projekt einer Lagerdatei versucht, den Schülern als erstes den Umgang mit dem Gerät näherzubringen. Nach dem ersten halben Jahr dürfen die Schüler in der Klasse 9 abwählen. Und da kann man schon feststel-

len, daß in den ersten Jahren, in denen die Aussicht bestand, weiterhin mit Basic zu arbeiten und dort weiter fortzugehen, das Abwahlverhalten relativ groß war. Die Frage war jetzt, wohin gehen diese Schüler, die also enttäuscht worden sind. Und da war halt sehr charakteristisch in einem Jahr, daß mindestens 80% derjenigen, die Informatik abgewählt hatten, Hauswirtschaft genommen haben - und dann kamen noch ein paar, die Mathematik als Ersatz wählten, und das andere war sehr sporadisch.
In diesem Jahr haben wir zum ersten Mal, nachdem wir das Projekt im ersten Halbjahr der Klasse 9 hatten, in Aussicht gestellt, daß im zweiten Halbjahr mit Software gearbeitet wird, d.h. Textverarbeitung, Kalkulationstabellen, Dateiverwaltung usw.. Dabei ist zu beobachten, daß in meinem Kurs kein Schüler abgewählt hat, einer hinzugekommen ist, und in dem Kurs vom Kollegen (Parallelkurs) auch höchstens zwei von über zwanzig Schülern abgewählt haben. Der Umgang mit der Software kommt dem ursprünglichen Ansatz der Schüler eigentlich wesentlich näher, jedenfalls in der Sekundarstufe I, da haben sie jetzt den Computer als Hilfsmittel: Programme werden vorgegeben und sie können ihre eigenen Ideen umsetzen und damit arbeiten, so daß also da ganz unterschiedliche Verhaltensweisen zum ersten Halbjahr hervortreten."
Zum Mathematikunterricht merkte er an, daß er am Freiherr-vom-Stein-Gymnasium, einem ehemaligen Mädchengymnasium, keine geschlechtsspezifischen Unterschiede bei der Wahl von Mathematik-Leistungskursen feststellen könne, und deshalb auch keinen Zusammenhang zum Abwahlverhalten im Fach Informatik sehe.

Herr Zeppenfeld berichtete von Gesprächen mit Schülern in vier von ihm durchgeführten 11,1-Kursen:

"... Die Attraktivität des Faches Informatik verbunden mit dem Stellenwert des Computer in der Öffentlichkeit heute hat viele Schüler dazu geführt und das waren nach meiner Beobachtung mehr als 50% in allen vier 11,1-Kursen, daß die Schüler mit einer gewissen Portion Neugier dieses Fach in der 11,1 angewählt haben, aber ihre Schullaufbahnplanung von vorneherein so abgestellt hatten, daß sich das auf die 11,1 beschränkte. Die hatten überhaupt nicht die Absicht, das Fach in der 11,2 weiterzuführen, sondern das sollte nur in der 11,1 sein: mal reingucken, mal sehen, womit man es da zu tun hat. Und von der 11,2 an bis jetzt zum 12,2-Kurs hat sich eigentlich der Kurs im ganz normalen Rahmen bewegt, wie die Mathematik-Leistungskurse auch, und das Abwahlverhalten ist vollkommen vergleichbar und auch nicht überproportional höher als in den Mathematik-Leistungskursen beispielsweise und ich finde, man sollte deswegen das Abwahlverhalten der Schüler aus der 11,1 zu 11,2 nicht so überbewerten, weil das Anwahlverhalten vielmehr diskutiert werden müßte: Warum machen die Schüler das und wie sieht die weitere Schullaufbahnplanung aus?"

Joachim Schoch-Bösken

Typologie der Schüler

1. Einleitung

Im ersten Vortrag haben Sie gehört, wie groß der Anteil der Informatikschüler und -schülerinnen ist, und Sie haben das Kurswahlverhalten der Schülerinnen und Schüler vor Augen. Im folgenden möchte ich vom äußeren Erscheinungsbild des Faches Informatik abrücken und mich stärker mit den Informatikschülern beschäftigen. Das Ziel ist es dabei u.a., die Dichotomie "interessierte Jungen" versus "desinteressierte Mädchen", die die gegenwärtige Diskussion um den Computer stark beeinflußt, zu überwinden und die Vielfalt der Anschauungen bei Schülerinnen und Schüler zu berücksichtigen.

2. Die Gruppenbildung

2.1. Vergleich mit der SKALA

Den Zwischenbericht des Projektes vom Herbst 1986 haben Sie erhalten. Dort wurde eine sechsstufige SKALA entwickelt, um das Computerinteresse der Informatikschüler und -schülerinnen differenzierter zu erfassen. Diese SKALA hat uns bei der Auswertung sehr geholfen, doch gibt es bei diesem Verfahren auch Nachteile:
Zum einen wird dort das Interesse für Computer zum alleinigen Unterscheidungskriterium gemacht. Die Mehrdimensionalität der Orientierungssysteme der Personen kommt dabei nicht genügend zum tragen.
Zum anderen gibt es eine Reihe von Ergebnissen, die sich nicht mit der Intensität des Interesses am Computer erklären lassen. So möchte ich hier beispielsweise an die Selbsteinschätzung in den Eigenschaften "intelligent" und "kritisch" erinnern: Die U-Form zeigt partiell gleiche Selbstbilder bei diametral entgegengesetztem Interesse.

2.2. Erstellung einer Schülertypologie

Wenn sich jemand für eine Sache wie z.B. die Computertechnologie interessiert, so kann er dafür verschiedenste Gründe haben. Neben Spaß am Spielen, Spaß am Denken und Probieren kann es die Bestätigung durch Freunde oder durch den Lehrer sein oder auch vermeintlich bessere Berufsperspektiven. Was immer einen Menschen zu einer solchen Aktivität treibt - es muß sich in sein gesamtes Weltbild, in seine Vorstellungen von der Welt und seine Rolle darin, einpassen. Jemand, der z.B. bei Technik nur an Atomkrieg, Umweltzerstörung, Fließbandarbeit und den "gläsernen Menschen" denkt, wird nicht ohne weiteres eine positive Einstellung zum Computer entwickeln, trotzdem kann er sich dafür interessieren.

Die Beurteilung neuer Technologien ist eingebettet in das gesamte Wertsystem der Schüler - das Wertsystem ist die Grundlage der Weltsicht und Weltbeurteilung, sozusagen der "Maßstab", an dem sich die Welt messen und beurteilen läßt. Wenn sich nun die Welt ändert, muß sich dann nicht auch der Maßstab - eben das Wertsystem der Menschen - ändern? Oder treten dann bisher vernachlässigte Werte stärker in den Vordergrund?

1977 veröffentlichte INGLEHART seine Hypothese des Wertewandels. Er griff damit empirische Untersuchungen auf und versuchte, sie in ein Entwicklungsmodell einzubetten. INGLEHART vertrat die These, das "postmaterielle Wertsystem" löse das traditionelle "materielle Wertsystem" in unserer Zeit mehr und mehr ab.

Typisch für das <u>materielle</u> Wertsystem sind Eigenschaften wie Ehrgeiz, Fleiß, Anerkennung des Leistungssystems sowie die Anpassung an die Gesellschaft. Für die <u>postmateriellen</u> Werte stehen beispielsweise Kritikfähigkeit, politische Teilnahme und Mitbestimmung (GABRIEL 1987).

In vielen neueren soziologischen Untersuchungen wurden bei Jugendlichen stets beide Wertsysteme festgestellt. So können wir auch davon ausgehen, einige Schüler mit ausgeprägt materialistischer bzw. postmaterialistischer Wertorientierung zu finden. Darüberhinaus kann man aber auch alle Schüler, die nicht in eins der beiden Extreme passen, als mehr oder weniger materialistisch bzw. postmaterialistisch einstufen. Somit hätten wir mit Hilfe der Wertwandelhypothese eine Polarisierung geschaffen, die auf der einen Seite durch Zustimmung zu den Eigenschaften "ehrgeizig" und "fleißig", auf der anderen Seite durch Ablehnung des Leistungsgedankens charakterisiert ist.

Als zweite Achse neben den <u>Werteinstellungen</u> wird die <u>Aktivität</u> der Schüler zu messen versucht (mit den Eigenschaften: energisch,

diskussionsfreudig und ängstlich, dem politisches Interesse und der Anzahl und Intensität der sozialen Kontakte). Wir betrachten Aktivität hier als eine Persönlichkeitseigenschaft, die relativ konstant und unabhängig von den Werteinstellungen vorliegt.
Aus den 250 Variablen des Fragebogens wurden 13 Variablen ausgesucht. Sechs dieser 13 Variablen fragen nach dem Wertsystem, sechs nach Persönlichkeitsmerkmalen der Schüler sowie eine nach deren politischem Interesse. In der hier vorliegenden "Vorlaufphase" wurde die dann folgende Clusteranalyse zunächst nur mit den Informatikschülerinnen und -schülern durchgeführt.
Die Gruppenbildung wurde mit einer Clusteranalyse des Statistikprogramms SPSS durchgeführt. Darin werden Gruppen mit annähernd gleicher Gruppengröße gebildet. Um auch kleine Gruppen abgrenzen zu können, bildeten wir 21 Clustergruppen, die anschließend zu acht TYPEN zusammengefaßt wurden.
Nach der Clusterung wurden die acht TYPEN mit Variablen aus verschiedenen Themenfeldern gekreuzt, es waren dies: Daten zur Persönlichkeitseinschätzung, zum sozialen und gesellschaftsbezogenen Verhalten, zur Leistungsorientierung sowie zur Einstellung gegenüber Naturwissenschaft und Technik.
Die Operationalisierung der materialistischen Wertorientierung der Jugendlichen erfolgt über eine Gruppe von Items, in denen Eigenschaften der Schüler wie "ehrgeizig", "fleißig" und ihre Einstellungen zum Schulerfolg (wie "Schule geht vor") erfaßt werden. Der Wert der Variable 'Aktivität' ergibt sich aus der Zustimmung zu Tätigkeitsitems wie "Freunde besuchen", "Wandern" oder "Sport" und Eigenschaften wie "kontaktfreudig".

In der nachfolgenden Graphik sind auf der x-Achse die acht TYPEN aufgeführt. Die Stärke der Befürwortung materieller Werte nimmt von links nach rechts ab, dasselbe gilt für die "Technikakzeptanz".
Eine andere Kurvenform liegt bei der Aktivität und dem politischen Interesse vor - hier sind an den beiden Enden der Skala die höchsten Werte festzustellen und bilden eine U-Form.
Auf der y-Achse sind relative Werte aufgeführt, die sich auf die verwendeten Variablen beziehen.

Abb.1: Zustimmung zu materialistischen Werten

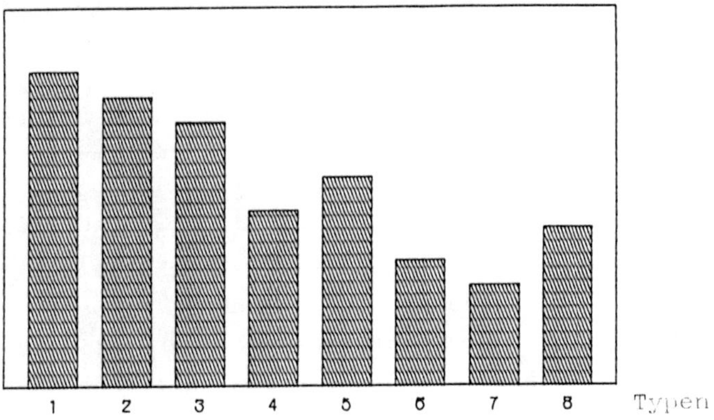

Abb.2: Aktivität der Typen

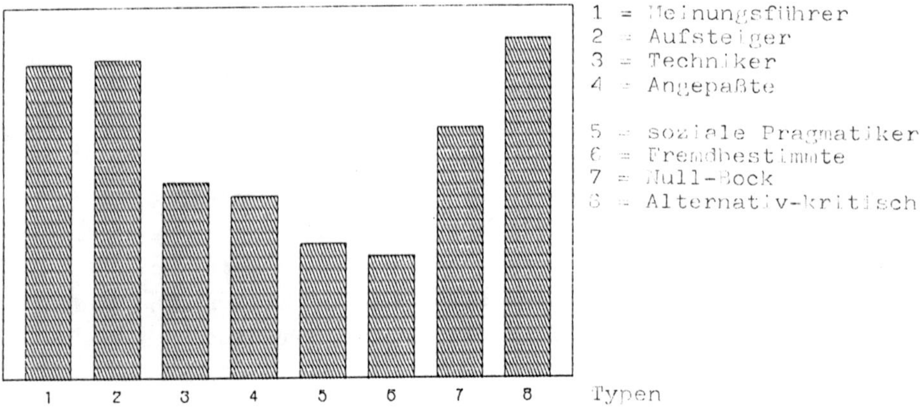

Sie sehen also: auf der linken Seite der Skala haben wir zwei TYPEN, die eher konservativ, leistungsorientiert und aktiv sind. Dann nimmt die Aktivität ab, die Befürwortung des Leistungssystem läßt im "Mittelfeld" nach und am rechten Ende der Skala sind die - ebenfalls aktiven - Gruppen mit postmaterialistischer Wertorientierung angesiedelt.

3. Beschreibung der TYPEN

Aus der Clusteranalyse ergeben sich Gruppen, die in den zur Clusterung verwendeten Variablen eine weitgehende Übereinstimmung zeigen. Bei der nun folgenden Beschreibung wurde versucht, mit Hilfe weiterer Variablen des Fragebogens und unseren Primärerfahrungen bei der Unterrichtsbeobachtung und Diskussion mit den Schülern ein Bild für jede dieser Gruppen zu entwerfen.
Die folgende Abbildung zeigt die Verteilung der Informatikschülerinnen und -schüler auf die acht Typen.

Abb.3: Informatikschüler: Verteilung nach Typen (in %)

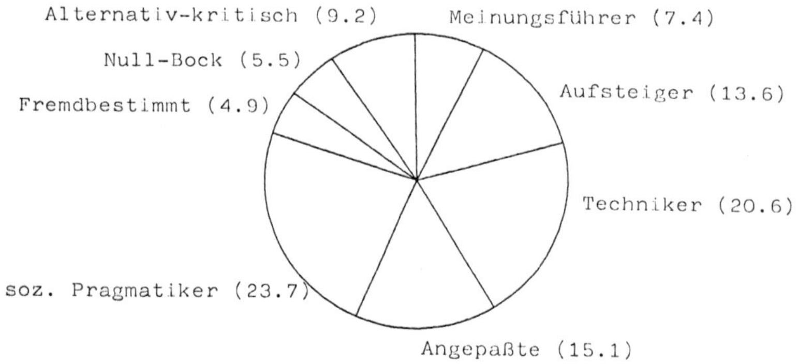

Abb.4: Vergleichsgruppe: Verteilung nach Typen (in %)

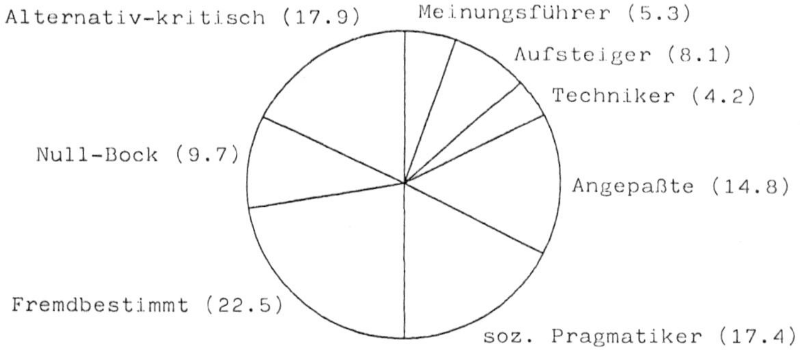

3.1. Die Konservativen Meinungsführer

Sie sind politisch (konservativ) engagiert und selbstbewußt; im Fragebogen werden bevorzugt die Extreme angekreuzt. Dies läßt zusammen gesehen auf Meinungsführerschaft schließen. Leistungsorientierung ist zwar vorhanden, nicht aber großer Fleiß. So sind sie auch beim Computern nicht die Gruppe mit dem meisten Arbeitsaufwand, obwohl sie überdurchschnittlich oft sagen, es würde die Berufschancen erhöhen. Die Einstellung zum Computer ist insgesamt sehr positiv. Ein starkes Selbstbewußtsein korrespondiert mit positiven Zukunftserwartungen.

Die sozialen Kontakt sind unterdurchschnittlich ausgeprägt. Dies könnte teilweise geschlechtsspezifisch interpretiert werden (mehr als 90% dieser Gruppe sind Jungen - die sozialen Kontakte aller Jungen sind niedriger als die der Mädchen). Doch scheint die Meinungsführerschaft hier nicht mit einer starken sozialen Stellung innerhalb der Schülergruppe verbunden zu sein!

3.2. Die Aufsteiger

Die Schülerinnen und Schüler dieser Gruppe sind so stark von sich überzeugt, daß sie fast alle positiven Selbsteinschätzungen als für sich zutreffend bezeichnen.

Ein überragendes Selbstbewußtsein und eine überdurchschnittliche Aktivität kennzeichnen diese Gruppe. Jedoch nicht so stark politisch engagiert, dafür aber überaus fleißig und zielstrebig in der Verfolgung der "Karriere-Pläne".

Der Glaube an die positive Zukunft ist von dem Eindruck geprägt, auf der Schiene des Erfolgs zu sein. Selbstbewußtsein, Fleiß, Zielstrebigkeit und Zukunftsplanung fügen sich zu einem einheitlichen Bild. Der Computer ist weitgehend als Instrument des Aufstieges von Interesse .

3.3. Die Techniker und Spieler

Das Interesse für Naturwissenschaft und Technik ist weit wichtiger als kulturelle oder soziale Interessen. Im Einklang damit wird die Meinung vertreten, daß Naturwissenschaft und Technik für die Gesellschaft weit wichtiger seien als Kunst und Musik.

Die Aktivitäten sind relativ hoch, aber einseitig; Ein Interesse an politischen oder gesellschaftlichen Fragen ist nicht festzu-

stellen. Geduld und Ausdauer sind vorhanden, nicht aber Fleiß und Ehrgeiz. Im Gegensatz zu dieser bequemen Grundhaltung wird leistungsbejahenden Aussagen zugestimmt.
Kontaktfreudigkeit und Selbstbewußtsein sind nicht sehr stark ausgeprägt.
Man könnte vorsichtig vermuten, daß die festen Regeln zur Vereinfachung dienen. Statt sich mit der komplizierten Welt auseinanderzusetzen, wird das Interesse auf einen kleinen Bereich (Mikrowelt) konzentriert.

3.4. Die Angepaßten

Es ist ein mittleres Selbstbewußtsein vorhanden und es werden Pläne für die Zukunft entworfen - beides zusammen läßt die Zukunft positiv erscheinen.
Das Leistungssystem wird befürwortet, aber Fleiß und Ausdauer halten sich in Grenzen. Es gibt eine Reihe eindeutiger Wertaussagen (z.B.: "Schule geht vor!").
Der Computer wird als Werkzeug des neuen technischen Zeitalters akzeptiert; er sichert möglicherweise Zukunftschancen. Andererseits scheinen die Schüler dieser Gruppe durchaus Alternativen vor Augen zu haben, denn die Gesamteinschätzung des Computers ist weniger positiv als in den anderen materialistisch eingestellten Gruppen.
Ein typischer Vertreter dieser Gruppe fällt im Unterricht vermutlich kaum auf. Er ist etwas fleißig, aber nicht strebsam; etwas kritisch; etwas politisch interessiert; ...von allem "etwas".

3.5. Die Sozialen Pragmatiker

Das Selbstbewußtsein ist nur schwach ausgebildet. Leistungsdenken ist diesen Schülern ebenso fremd wie politisches Interesse. Der Computer wird stärker als von allen anderen Gruppen abgelehnt.
Dieses Desinteresse auf allen "männlichen" Feldern (Karriere, Politik, Technik) geht mit ausgeprägten sozialen Kontakten einher. Auch hier könnten geschlechtsspezifische Unterschiede eine Rolle spielen (mit 44% der höchste Mädchenanteil!).
Es werden von diesen Schülerinnen und Schülern Naturwissenschaft und Technik und speziell der Computer abgelehnt - welche Motivation haben sie dann, an diesem Unterricht teilzunehmen?

3.6. Die Fremdbestimmten

Diese Schüler und Schülerinnen sind nicht nur zurückhaltend, sondern ausgesprochen ängstlich und teilweise auch kontaktarm.
Es liegt kein politisches Interesse vor und dem Leistungssystem stehen sie ablehnend gegenüber. Gepaart mit einem geringen Selbstbewußtsein wundert es nicht, daß ihre Zukunftserwartungen ausgesprochen negativ sind.
Obwohl hier wohl keine "Karrierevorbereitung" mit Hilfe des Computers betrieben wird, investieren diese Schülerinnen und Schüler dennoch viele Stunden ihrer Freizeit für die Computerei. Möglicherweise sind das die (in den Medien so lautstark beschriebene!) Jugendlichen, die - kontaktarm und zurückgezogen - ihren Mangel an Zuneigung durch den Computer kompensieren!

3.7. Die Null-Bock-Gruppe

Hier wird nicht nur das Leistungssystem abgelehnt, sondern es wird demonstrativ eine Anti-Haltung zur Schau getragen. Fleiß, Ausdauer, Ehrgeiz, energisches Verhalten werden entschieden abgelehnt.
Ängstlich fühlen sich diese Schüler nicht, doch Geduld gehört auch nicht gerade zu ihren Stärken (und verträgt sich nicht mit ihrer Suche nach "action"). Leistungssystem und Zukunftsplanung werden für unsinnig gehalten. Diese Schüler sind alles andere als konservativ.
Zwei Merkmale erscheinen wunderlich:
- Die Zukunft wird nicht auffallend negativ beurteilt!
- Die sehr hohe Intensität der Computerbenutzung. Ob ihr Interesse vornehmlich den Computerspielen gilt oder ob die Schüler dieser Gruppe als "Computerfreaks" eine neue Nische im "Anti-Leistungs-System" entdeckt haben, dieses wäre weiter zu untersuchen.

3.8. Die Alternativ-kritischen

Das Selbstbewußtsein ist überdurchschnittlich stark ausgeprägt, doch haben wir hier nicht die "sunny-boys" vor uns. Vielmehr beurteilt das "kritische Bewußtsein" die Zukunft eher negativ und lehnt jede Zukunftsplanung ab.
Diese Schüler sind politisch stark engagiert. Sie sind zwar gegen das etablierte Leistungssystem, aber nicht faul. Ausreichende

soziale Kontakte sind vorhanden.
Computer werden kritisch betrachtet, es herrscht eher eine Gegenposition mit ablehnenden Meinungen über mangelnden Datenschutz, Vereinsamung usw.. Damit wird das Interesse an gesellschaftlichen Fragen der EDV-Nutzung zentral. Möglicherweise liegt hier ein Grund dafür, daß diese Schüler trotz ihrer technikkritischen Einstellung Informatik gewählt haben.

4. Gruppierung der TYPEN

4.1. Stark materialistisch orientiert (aktiv)

Die hier zusammengefaßten Schülerinnen und Schüler vertreten das Leistungssystem und konservatives Gedankengut. Verbunden mit ihrem auffallend starken Selbstbewußtsein führt dies zu einer positiven Zukunftssicht. Neue Technologien und Computer werden bejaht - sie sind im Sinne des "Vorankommens" und des Erfolgdenkens interessant.

4.2. Schwach materialistisch orientiert (passiv)

Es herrschen materialistische Wertaussagen mit Leistungsbejahung vor. Fleiß und Ehrgeiz sind zwar zentrale Werte, doch steht dieser prinzipiellen Befürwortung eine gewisse Trägheit gegenüber. Damit hält sich der Ehrgeiz in Grenzen und auch das Selbstbewußtsein erhält einen Dämpfer durch das Gefühl, "...es könnte noch ein bißchen mehr geleistet werden...". Politisches Interesse ist nicht vorhanden.
Das Computerinteresse hängt vor allem mit dem allgemeinen Interesse an technischen Fragen zusammen. Überraschend ist ein bißchen die skeptische Haltung eines Teils dieser Gruppe zum Computer.
Obwohl dieser Block zahlenmäßig der gewichtigste ist (36% der Informatikschüler), werden diese Schüler im Unterricht vermutlich nicht so stark in Erscheinung treten, sind diese Schüler im Unterricht nicht tonangebend.

4.3. Schwach postmaterialistisch orientiert (passiv)

Die Mitglieder dieser Gruppen fühlen sich kaum noch konservativ. Die persönliche Leistungsbereitschaft ist sehr gering, doch wird daneben das Leistungssystem generell mehr oder weniger abgelehnt.

Diese Schüler sind zurückhaltend, möglicherweise auch gehemmt. Sie sind ausgesprochen passiv, und es ist anzunehmen, daß sie im Unterricht kaum in Erscheinung treten.
Der Computer wird kaum als Berufschance gesehen, eher ist hier das Interesse am "computern" selbst vorherrschend.

4.4. Stark postmaterialistisch orientiert (aktiv)
Die beiden hier zusammengefaßten Gruppen ("Null-Bock" und "Alternativ-kritisch") unterscheiden sich sehr stark hinsichtlich ihrer Bereitschaft zur konstruktiven Mitarbeit.
Gemeinsam ist ihnen ein stärkeres bis starkes Selbstbewußtsein, politisches Interesse und die Ablehnung des Leistungssystems.

5. Zusammenfassung
Die hier dargestellte Typisierung geht über die bloße Datenauswertung hinaus und versucht, (Gruppen-)Bilder der beteiligten Schüler zu entwerfen. Das Ziel der Typologie ist es, uns selbst und den Lehrern den Zugang zu den Interessen und einer Vorstellungswelt der Schülerinnen und Schüler zu eröffnen, um so die Dichotomisierung "Mädchen : Jungen" zu überwinden.
6. Nachwort
Zum Zeitpunkt des Workshops befanden wir uns noch in der Phase der Typenbildung. Wir hatten in einem ersten Zugriff acht Typen definiert und bestimmt. So haben wir für den zu erstellenden Abschlußbericht des Forschungsprojektes auf diese erste Typenbildung gut aufbauen können.
Der hier abgedruckte Bericht aus dem Workshop-Vortrag ist also als Forschungsstand zum Zeitpunkt der Berichterstattung anzusehen. Weiterentwicklungen sind dem Abschlußbericht zu entnehmen.

Diskussion:

Aufgrund der Zeitknappheit war die Diskussion kurzgehalten. Sie brachte Nachfragen und Hinweise zum Verfahren der Clusterung (Herr Prof. Tietze) und zur Typenbildung.

Achim Pietig

Das curriculare Profil des Faches Informatik in NRW

In Nordrhein-Westfalen gibt es seit 1981 Richtlinien für das Fach Informatik in der gymnasialen Oberstufe. Auf die Entwicklung der Informatikrichtlinien aller Bundesländer haben die Empfehlungen der Gesellschaft für Informatik (GI) maßgeblichen Einfluß gehabt (vgl. Bosler, 1981, S. 20). Diese Empfehlungen aus dem Jahre 1976 wandten sich schon damals gegen einen stark auf die Hardware und auf das Erlernen einer Programmiersprache zentrierten Unterricht (vgl. Brauer u. a., 1976, S. 35-36). Die GI vertrat einen Algorithmen orientierten Ansatz und forderte, auch die gesellschaftlichen Auswirkungen der Datenverarbeitung im Unterricht zu berücksichtigen (vgl. Eppenstein-Baukhage, 1985, S. 42). Die Bedeutung des Computereinsatzes für die Gesellschaft und die Notwendigkeit von Kenntnissen aus diesem Bereich wurden stark betont. "Gegenstand des Informatikunterrichts ist in erster Linie nicht die technische Funktion des Rechners. Vielmehr erscheint es wesentlich, Möglichkeiten der Anwendung des Rechners sowie Auswirkung und Grenzen des Einsatzes von Rechenanlagen zu kennen und zu erkennen" (Brauer u.a., 1976, S. 35). Diese Empfehlungen der GI stehen somit in Einklang mit den beiden allgemeinen Lernzielen der gymnasialen Oberstufe, 'Wissenschaftspropädeutische Ausbildung' und 'Selbstverwirklichung in sozialer Verantwortung' (s. Abb. 1). Das Gymnasium, als allgemeinbildende Schule, ist gehalten, in den Zielen und Inhalten der einzelnen Fächer diese allgemeinen Lernziele zu konkretisieren. Nur eine sinnvolle Kombination von Fachwissen und Orientierungswissen über fächerübergreifende, gesellschaftliche Zusammenhänge verdient den Namen 'Allgemeinbildung'. U. Bosler, vom Institut für die Pädagogik der Naturwissenschaften (IPN) an der Universität Kiel, forderte daher für die Informatik-Lehrpläne: "Informatikunterricht sollte demnach über die Lösung von Problemen mit Hilfe des Computers hinaus die Möglichkeiten und Grenzen des Computereinsatzes erfahrbar und die gesellschaftlichen Auswirkungen durchschaubar machen. Anwendungen der Datenverarbeitung (DV) in Wirtschaft, Verwaltung usw.

sollten in den Lernprozeß einbezogen werden. Veränderungen der Arbeits- und Berufsstruktur sowie Gefahren des Datenmißbrauchs sind im Hinblick auf die Betroffenheit der Schüler aufzuzeigen" (Bosler, 1981, S. 21).
Diese Forderungen finden wir auf der programmatischen Ebene der Informatik-Richtlinien in NRW wieder. "Der Computer und seine Programmierung sind zugunsten eines problemorientierten Algorithmik-Ansatzes in den Hintergrund getreten. (...) Die Bedeutung des Faches Informatik wird deutlich in seinen Auswirkungen für die Gesellschaft und für das Individuum in seinen Rollen als Staatsbürger, Arbeitnehmer und Privatperson. (...) Einer kritiklosen Technologiegläubigkeit einerseits und einem Maschinenstürmertum andererseits gegenüber der technologischen Entwicklung und ihrer Konsequenzen muß entgegengewirkt werden" (Kultusminister, 1981, S. 27). Es stellt sich die Frage, ob und wenn ja wie es auf anderen Konkretisierungsebenen der Richlinien gelungen ist den rechnerorientierten Programmierunterricht zu überwinden und Ziele mit gesellschaftswissenschaftlichem Charakter in einem bis dahin stark naturwissenschaftlich orientiertem Fach aufzunehmen. Dies möchte ich im folgenden untersuchen. An Hand der konkreten Lernziele und der Lerninhalte der Richtlinien Informatik soll analysiert werden, inwieweit die allgemeinen Lernziele des Faches aufgearbeitet wurden. Hinzu kommt ein Vergleich mit der Schulpraxis, der über die Praxisrelevanz der Richtlinien Aufschluß geben kann.

1. Aufgabenfeldspezifische Lernziele:

Das Fach Informatik wird dem mathematisch-naturwissenschaftlich-technischen Aufgabenfeld (III) zugeordnet. Für alle Fächer dieses Bereiches wurden in den RL die folgenden vier Lernziele formuliert (s. Abb. 1):

1. Kenntnisse wesentlicher Sachverhalte;
2. Kenntnis fächerspezifischer Methoden;
3. Kenntnis gemeinsamer Strukturen und gegenseitiger Bezüge der unterschiedlichen Fächer dieses Aufgabenfeldes;
4. Fähigkeit zur Auseinandersetzung mit gesellschaftlichen Problemen, auf der Grundlage der gewonnenen Kenntnisse.

Abb. 1: Allgemeine Lernziele

Allgemeine Lernziele der gymnasialen Oberstufe	Aufgabenfeldspezifische Lernziele
a) Wissenschaftspropädeutische Ausbildung - Prinzipien und Formen selbständigen Arbeitens - grundlegende und spezielle wissenschaftliche Verfahrens- und Erkenntnisweisen b) Selbstverwirklichung in sozialer Verantwortung - Bereitschaft und Fähigkeit, sich mit anderen zu verständigen - Bereitschaft und Fähigkeit, mit anderen zusammenzuarbeiten - Bereitschaft und Fähigkeit, sich mit Werten und Wertsystemen auseinanderzusetzen, zu urteilen und sich zu entscheiden	Mathematisch-naturwissenschaftlich-technisches Aufgabenfeld(III) 1. Kenntnisse wesentlicher Sachverhalte und zugehöriger Begriffssysteme, Hypothesen, Modelle und Theorien 2. Kenntnis fächerspezifischer Methoden als Mittel der Wirklichkeitserfahrung und Umweltgestaltung 3. Kenntnis der gemeinsamen Strukturen der Fächer des Aufgabenfeldes 4. Gemeinsames Auseinandersetzen mit individuellen und gesellschaftlichen Problemen, auf Grundlage der gewonnenen Kenntnisse und Einsichten

In den beiden ersten Lernzielen spiegelt sich der Bereich 'wissenschaftspropädeutische Ausbildung' wieder, die letzten zwei Punkte können zur 'Selbstverwirklichung in sozialer Verantwortung' beitragen. Beide Bereiche (Kenntnisse und Fähigkeiten zur Beurteilung der gesellschaftlichen Folgen) sind hier noch gleichberechtigt vertreten.

2. Fachspezifische Lernziele:

Die Umsetzung der aufgabenfeldspezifischen Lernziele für das Fach Informatik weist einige Besonderheiten auf. "Die fachspezifischen Lernziele des Informatikunterrichts werden in engem Bezug zu den im Abschnitt 1.2 aufgeführten vier aufgabenfeldspezifischen Zielen in vier Gruppen aufgeteilt" (Kultusminister, 1981, S. 30). Hier wurden die allgemeinen Ziele der jeweiligen Gruppe nahezu wörtlich übernommen (s. Abb. 2).
Jedoch zeigt sich bei den speziellen Gruppenzielen folgende Tendenz: "Der nachfolgende Lernzielkatalog enthält bezüglich der Anzahl der aufgeführten Lernziele ein deutliches Übergewicht im Bereich der Lernziele kognitiver Ausprägung. Es muß aus diesem Grunde darauf hingewiesen werden, daß die große Bedeutung, die Lernziele affektiver und sozialer Dimension für den Informatikunterricht besitzen, bereits durch die Konzeption der Lernbereiche und durch die unterrichtsmethodische Gesamtkonzeption des Faches (...) impliziert wird" (Kultusminister, 1981, S.30).
Wurden sozial-affektiver und wissenschaftspropädeutischer Bereich bisher gleichrangig behandelt, so zeigt sich spätestens bei der Formulierung der vier Lernbereiche des Informatikunterrichts eine starke Verschiebung zu den ersten beiden fachspezifischen Lernzielgruppen (s. Abb. 3):
- Lernbereich I : Algorithmik;
- " II : Daten und Datenstrukturen;
- " III: Hardund Softwaresysteme;
- " IV : Realisierung, Probleme und Auswirkungen der praktischen DV.

3. Kurslernziele:

Die Kurse der Jahrgangstufen 11-13 werden in fünf Kurssequenzen aufgeteilt:
- 11/I : Einführung in die Informatik;
- 11/II: Algorithmik I: Methoden des systematischen Problemlösens;
- 12/I : Struktur und Arbeitweise einer DV;

- 12/II: Algorithmik II: Datenstrukturen;
- 13   : Probleme aus der praktischen Anwendung der DV.

Die zugehörigen Lernziele sind in Abb. 2 aufgeführt. Nach Analyse

Abb. 2: Fachspezifische Lernziele

Fachspezifische Lernziele	Kurslernziele
1. Kenntnis von grundlegenden Problemlösungsprinzipien - Kenntnis wichtiger Prinzipien digitaler DV-Anlagen - Kenntnis einer problemorientierten Programmiersprache	11/I: - Algorithmen entwickeln und formulieren - Algorithmen in eine problemorientierte Programmiersprache übertragen - Algorithmen in Programmform auf eine DVA übertragen - Kenntnis der Einsatzmöglichkeiten der DV in einigen Bereichen
2. Fähigkeit, bei der Problemanalyse Algorithmen- und Datenstrukturen zu erkennen - Fähigkeit, einen Algorithmus in ein Programm umzusetzen - Fähigkeit, komplexe Probleme arbeitsteilig zu planen und durchzuführen	11/II: - spezieller Algorithmenbegriff - systematisches Problemlösen (Prozeduren) - erarbeitete Algorithmen in eine Programmiersprache umsetzen und austesten
3. Beurteilungsfähigkeit von Möglichkeiten und Grenzen der automatisierten DV - Einsicht in fächerverbindende Zusammenhänge	12/I: - Kenntnis struktureller und funktioneller Prinzipien digitaler DV-Anlagen - Beurteilung von Hard- und Software im Umgang mit Rechnerstrukturen
4. Fähigkeit zur kritischen Einschätzung der Entwicklungstendenzen der DV - Einsicht in die Notwendigkeit des gesetzlichen Datenschutzes	- Möglichkeiten und Grenzen der automatischen DV 12/II: - Bedeutung von Datenstrukturen - Kenntnis wesentlicher Datenstrukturen - Anwendung der Strukturierungsmethoden 13: - wichtige Anwendungen der DV und Problemkenntnisse - fachspezifische Arbeitsmethoden bei komplexen Problemen - arbeitsteiliges Projekt

der Kurslernziele läßt sich folgende Zuordnung zu den übergeordneten fachspezifischen Lernzielen treffen: Die Ziele der Kurssequenzen 11/I - 12/II ordnen sich thematisch den ersten beiden fachspezifischen Lernzielen zu. Die zwei anderen Lernziele, in denen es um Urteilsfähigkeit und kritische Einschätzung geht, werden lediglich in der fünften Kurssequenz angestrebt.

Die gesellschaftlich orientierten, fächerübergreifenden Lernziele, die noch 50% der aufgabenfeldspezifischen Lernziele ausmachten, stellen auf der Kursebene nur noch 20% der Lernziele dar. Diese Engführung zur Fachwissenvermittlung wird auf der inhaltlichen Ebene noch verstärkt. Problematisch erscheint hier außerdem, den wichtigen Lernbereich IV ans Ende der Jahrgangsstufe 13 zu setzen. es dürfte klar sein, daß diese völlig neue Thematik in der ohnehin verkürzten Jahrgangsstufe 13 nicht immer ausreichend behandelt werden kann.

4. Lerninhalte der Lernbereiche:

Die Inhalte lassen sich drei Themengruppen zuordnen:

1) Erlernen einer höheren Programmiersprache und Behandlung von Datenstrukturen dieser Hochsprache;
2) Hardwarekunde und Software auf Maschinenebene;
3) Computer und Gesellschaft.

Die Lernbereiche I und II würde ich Punkt eins zuordnen, Lernbereich III fällt unter Punkt zwei, und der vierte Lernbereich läßt sich unter Punkt drei fassen.
In Bezug auf die allgemeinen Lernziele der gymnasialen Oberstufe fallen die Themengruppen eins und zwei unter die 'wissenschaftspropädeutische Ausbildung', und 'Selbstverwirklichung in sozialer Verantwortung' wird besonders durch Inhalte aus Gruppe drei vermittelt.

Abb. 3: Lerninhalte der Lernbereiche

Lernbereiche	Lerninhalte
I. Algorithmik	1. Entwicklung und Darstellung einfacher Algorithmen 2. Algorithmen mit höheren Kontrollstrukturen 3. Methoden der systematischen Algorithmenentwicklung 4. Prozeduren 5. 'Standardalgorithmen' der DV 6. Systematik des Algorithmenbegriffs
II. Daten und Datenstrukturen	1. Einfache Objekte 2. Statische Datenstrukturen 3. Dynamische Datenstrukturen 4. Systematische Behandlung d. DS
III. Hard- und Software-Systeme	1. Datendarstellung/Arithmetik 2. Informationsfluß und Befehlsverarbeitung 3. Betriebssoftware einer DVA
IV. Realisierung, Probleme und Auswirkungen der praktischen Datenverarbeitung	1. Dateien und Datenorganisation 2. Datenverarbeitung in Wirtschaft und Gesellschaft 3. Planung und Durchführung von DV-Projekten

5. Kursinhalte:

Hier zeigt sich noch deutlicher als voher, daß der Schwerpunkt auf der Vermittlung von Fachwissen liegt. Die Lernbereiche I-III werden in den Jahrgangsstufen 11-12 vermittelt. Der Bereich IV, dessen Stellenwert in den Richtlinien unterstrichen wird (vgl. Kultusminister, 1981, S. 27), wird ausschließlich in der Jahrgangsstufe 13 behandelt.
Es stellt sich die Frage, ob die Vielschichtigkeit der Themen des

Lernbereichs IV in dieser Zeit ausreichend behandelt werden kann. Diese Frage soll mit Hilfe eines Praxisbeispiels beantwortet werden.

Abb. 4: Kursinhalte

Kursbeispiel gemäß Richtlinien	Praxisbeispiel
11/I: Einführung in die Informatik, Lernbereich I (II)	
- Demonstrationsprogramm, grundlegende Begriffe der DV - Lineare Programme in einer höheren Programmiersprache - Einfache Datentypen - Kontrollstrukturen (Zählschleife, Schleifen mit Ein- und Ausgangsbedingungen, zweiseitige Auswahl, Schachtelung) - Datenstrukturen (Array, String, Such- und Sortierverfahren)	- Benutzeroberfläche von UCSD-Pascal (Formatieren, Editor, Compiler) - Linerare Pascalprogramme - Einfache Datentypen - Kontrollstrukturen (Zweiseitige Auswahl, Zählschleife, Schleifen mit Ein- und Ausgangsbedingung, Schachtelung)
11/II: Algorithmik I: Methoden des systematischen Problemlösens, Lernbereich I (II)	
- Definition des Algorithmenbegriffs - Verfeinerung der Algorithmen (Kommentar, Flußdiagramm etc.) - Modularisierung (Prozedurkonzept) - Systematik des Problemlösens - Rekursion	- Datenstrukturen (Array, Type, Set Const, Suchen und Sortieren) - Kontrollstruktur (Case) - Prozeduren - Dateiverwaltung (Zeigervariable) - Interne Datenspeicherung
12/I: Struktur und Arbeitsweise einer DVA, Lernbereich III	
- Statische Rechnerstruktur - Arbeitweise eines Ein-Adreß-Rechners - Einführung in Maschinensprache - Betriebssystemseinführung - Diskussion und Analyse des Erlernten	- Aufbau eines Computers - Erlernen der Computerspezifischen Maschinensprache - Binärarithmetik - Effizienzbetrachtungen und komplexe Programme in Maschinensprache
12/II: Algorithmik II: Datenstrukturen, Lernbereich II (I)	
- Einführung zentraler Begriffe (Record, Liste, Baum) - Grundalgorithmen (Zeiger, Knoten) - Anwendung eines komplexen Beispiels in Projektform	- Spezielle Techniken des Programmierens in Maschinensprache - Kombination von Maschinensprache und Pascal - Dynamische Datenstrukturen (Listenverarbeitung)
13: Probleme aus der praktischen Anwendung der DV, LB IV	
- 3-4 Projekte zu folgenden Themen, inkl. intensiver theoretischer Beschäftigung mit zentralen Problemen: Wirtschaft u. Verwaltung Gesellschaft Künstliche Intelligenz Naturwissenschaft, Technik Mathematik Compiler, Betriebssystem	- Datenstrukturen (Listen, Bäume) - Grundalgorithmen (Zeiger, Knoten) - Spezielle Programmiertechniken mit Listen und Bäumen - Komplexes Projekt (Programm in Pascal und Maschinensprache)

6. Unterrichtspraxis:

Im Rahmen des Projektes 'Schüler und Computer' wurden an allen Schulen in Münster, an denen im Jahre 1985/86 Informatik unterrichtet wurde, Schüler- und Lehrerinterviews durchgeführt. Wir konnten feststellen, daß sich die Lehrer sehr eng an die Richtlinien gehalten haben. In mehreren Fällen wurden die Kursbeispiele direkt übernommen, so daß sich hier konkrete Aussagen über deren Anwendbarkeit machen lassen. Exemplarisch stelle ich hier die Kurssequenzen eines Gymnasiums vor. Beginn der Unterrichtssequenz war das Schuljahr 84/85 (11/I) und im Schuljahr 86/87 wurde die Jahrgangsstufe 13 abgeschlossen. Die Lerninhalte der Kurse sind in Abb. 4 den Kursbeispielen der Richtlinien gegenübergestellt. Es ist eine Parallelität bis zur Sequenz 12/I erkennbar.
Ab hier trat eine Verschiebung ein, die durch Zeitknappheit entstand. Die immense Stoffülle und Zeitintensivität des Programmierens führte dazu, daß der Lernbereich Algorithmik erst in der Jahrgangsstufe 13 abgeschlossen werden konnte, obwohl das Leistungsniveau der Klasse sehr hoch war. Vergleicht man die Inhalte, die beim Erlernen der Programmiersprache Pascal abgedeckt wurden, mit den Inhalten, die an der Hochschule im Bereich Programmierung gefordert werden, so läßt sich feststellen, daß kein nennenswerter Unterschied mehr besteht. Auch an anderen Schulen war der hohe Zeitaufwand für diesen intensiven Programmierunterricht erkennbar. Daraus resultierte folgende Situation:
Die Jahrgangsstufe 13 ist auf Grund der Abiturprüfung schon kürzer, als die anderen Stufen. Ein nicht unbeträchtlicher Teil des Stoffes aus 12/II mußte zusätzlich behandelt werden. Hinzu kam die zeitintensive Projektarbeit. Dies alles führte dazu, daß der Lernbereich IV kaum noch behandelt werden konnte. Insgesamt fielen auf alle Themen dieses Bereiches weniger als 10 Unterrichtsstunden!
Auf Grund dieser Ungleichgewichtigkeit kann von einer Abdeckung des Lernbereichs IV kaum noch gesprochen werden. Die schon auf der Lernzielebene erkennbare Engführung hin zur Fachwissenvermittlung nimmt auf der inhaltlichen Ebene Formen an, die der Empfehlung der GI in keiner Weise Rechnung trägt. In der Praxis ist es oft wieder ein reiner Programmierunterricht mit anspruchsvol-

lem Niveau, der von einer Algorithmen- und Anwendungsorientiertheit weit entfernt ist. Beurteilungsfähigkeit von Möglichkeiten und Grenzen der DV und Fähigkeit zur Einsicht in übergreifende Zusammenhänge (s. Abb. 3 u. 4) kommen dabei entschieden zu kurz.

Literatur:

Bosler, Ulrich: Informatik-Lehrpläne für das allgemeinbildende Schulwesen. In: LOG IN 1(1981), S. 20-23

Brauer, Claus, Deussen, Eickel, Haacke, Hosseus, Koster, Ollesky, Weinhard: Zielsetzungen und Inhalte des Informatik-Unterrichts. Empfehlungen der Gesellschaft für Informatik e.V. In: ZDM 76, S. 35-43

Eppenstein-Baukhage, Manon: Das Computerbuch für Schüler und Lehrer, Wilhelm Heyne Verlag 1985

Kultusminister NRW (Hrsg.): Richtlinien für die gymnasiale Oberstufe in NRW - Informatik, Greven Verlag 1981

Zur Eröffnung der Diskussion über die Richtlinien zum Informatikunterricht möchte ich folgende Thesen vorgetragen:

THESE:	ANTITHESE:
Durch die praktische Anwendung der dem Computer zugrundeliegenden Regeln lernen die Schüler am besten die Funktionsweise des Gerätes kennen und verlieren durch den ständigen Umgang mit dem Computer die Angst vor der Technik.	Durch das möglichst schnelle und dadurch naive Heranführen der Schüler an den Computer erliegen sie seiner Faszination und entwickeln keinerlei Bewußtsein für die möglichen und eventuell negativen Auswirkungen der Neuen Informations- und Kommunikationstechnologien.
Ende der Jahrgangsstufe 12 beherrschen die Schüler die Kontroll- und Datenstrukturen einer höheren Programmiersprache und sind aufgrund ihrer Kenntnisse der inneren Gerätestruktur sogar dazu in der Lage, Probleme in der Maschinensprache zu lösen.	Die Vermittlung sehr anspruchsvoller Spezialkenntnisse auf dem Gebiet der Algorithmik, der Programmiersprache und der Hardwaretechnik wird damit erkauft, daß wichtige Themen, wie die Auswirkungen der Datenverarbeitung auf Individuum und Gesellschaft nicht oder nur unzureichend behandelt werden.
Die Projektphase in der Jahrgangsstufe 13 bietet allen Schülern die Möglichkeit, ihre informationstechnischen Fertigkeiten zur Lösung komplexer Aufgaben selbständig einzusetzen.	Die Projektphase der Jahrgangsstufe beschränkt sich auf die Vermittlung und Vertiefung instrumenteller Fertigkeiten im Bereich der Informatik.
Die strikte Stofforientierung des Curriculums führt dazu, daß die Schüler, die im Fach durchhalten, sehr nah an die Hochschuldisziplin Informatik herangeführt werden.	Die strikte Stofforientierung des Curriculums führt dazu, daß in speziellen Bereichen der Informatik Expertenwissen vermittelt, aber allgemeingültige Probleme der Informatik kaum behandelt und wichtige Lernziele des Lernbereichs IV aus dem Schulunterricht verdrängt werden.

Diskussion:

Herr Lommel kritisierte, daß im Vortrag nicht deutlich zwischen EDV-Grundkenntnissen einerseits und Informatik andererseits unterschieden worden sei.
Er übte Kritik an der These, der Informatikunterricht sei so angelegt, daß er nur auf das Hochschulstudium vorbereite. Die Methoden der Hochschulinformatik würden den Schülern in der Schule nicht vermittelt.

Herr Morsbach wünschte als nicht hochschulgebildeter Informatiklehrer Auskunft darüber, welche Erwartungen die Hochschulen an die Ausbildung der Schüler stellen.

Herr Meier relativierte zunächst den Stellenwert des Zieles 'Hochschulvorbereitung' im Gesamtzusammenhang der Ziele der Oberstufe:

"Wir haben in der Oberstufe des Gymnasiums eigentlich nie den Ehrgeiz, ein spezielles Hochschulstudium vorzubereiten, wir wollen eigentlich etwas viel Schwereres machen, nämlich Denkmuster und Handlungsmuster den Schülern mitgeben, die sie befähigen, sehr viel universeller zu sein, das ist ja gerade heute wichtig."

Eine Ausrichtung des Informatik-Curriculums an den Anforderungen der Hochschule würde lediglich den wenigen Schülern, die Informatik studieren, eine geringe Studienerleichterung bringen:

"... aber der großen Menge unserer Schüler, die wir in Informatik unterrichten, wenig mitgeben: Erstens, weil Spezialkenntnisse rasch veralten, und zweitens, weil wir andere Anliegen mit allgemeinbildenden Erziehung in der Oberstufe verfolgen, die tiefer liegende Befähigungen entfalten soll. Selbst die Berufsschulpädagogik hebt heute sehr viel stärker darauf ab, allgemeine, universelle Fähigkeiten des wissenschaftlichen Arbeitens zu vermitteln als nur in einem speziellen Berufsfeld, für einen ganz speziellen Auftrag auszubilden. Das zu diesem Problem 'Vorbereitung auf die Hochschule'.
Das stellt hohe Anforderungen an die Didaktik, und auch an eine Informatikdidaktik: Was sind denn hier die tiefliegenden Ziele,

die wir anstreben sollen, und wie sehen sie in einem Schulfach Informatik aus?"
Desiderate sah er hinsichtlich der Einbeziehung des Lernbereichs IV der Richlinien (siehe Richtlinien Informatik S. 29 und 42) in Curriculum-Inhalte:

"Da ist die Mithilfe jedes Lehrers erforderlich: Wo sind Möglichkeiten, erstens also realisierbare, zweitens gehaltvolle Möglichkeiten, Curriculum-Bausteine zu finden, also Unterrichtsreihen, die es auf angemessenem Niveau erlauben, diesen Lernbereich IV stärker, vielleicht auch viel früher einzubringen."
Er stellte aber heraus, daß Informatik neben der Biologie immerhin das einzige Fach sei, das diesen Lernbereich IV überhaupt explizit ausweist und dadurch die Verantwortung der Naturwissenschaft gegenüber der Gesellschaft thematisiert.

Herr Prof. Lippe griff die Frage nach den Erwartungen der Hochschule an die Abiturienten auf. Er nannte zunächst generell, daß die Studienanfänger allgemeine Kenntnisse über das von ihnen gewählte Fach besitzen sollten. Es sei ein spezielles Problem der Informatik, daß ein solches allgemeines Wissen über Studieninhalte häufig fehle oder falsch sei.
Sodann übte er Kritik am Curriculum:

"Zunächst mal ist es eine extrem starke Ausrichtung auf Programmierung, es liest sich z.T. wie ein Programmierkurs. Fragen wie z.B., was ist überhaupt Informationsverarbeitung oder was ist eine Codierung, solche Grundlagen kommen vielleicht etwas zu kurz. Was mich ferner gestört hat, ist der Aufbau: Wir haben zunächst so den Algorithmenbegriff, der wird etwas ausgebaut mit Datenstrukturen, dann kommt ein großer Sprung, dann geht's plötzlich etwas in den prinzipiellen Aufbau eines Rechners, dann kommt wieder ein großer Sprung und man setzt hintendran wieder auf."
Er kritisierte besonders die Orientierung an der Sprache Pascal:

"Man orientiert sich sehr stark an Pascal. Pascal ist eine gute Sprache, auf jeden Fall, nur: die Sprache kann immer nur ein Hilfsmittel sein und nicht der eigentliche Lernzweck, das eigentliche Lernziel. Sie ist ein Hilfmittel, um die Prinzipien zu realisieren, d.h. auch die Datenstrukturen, die betrachtet werden, sollten sich nicht nur an den explizit in Pascal gegebenen

Datenstrukturen orientieren, sondern ebenso sollten Datenstrukturen, wie z.B. Keller oder Bäume betrachtet werden. Datenstrukturen also, die in Pascal direkt nicht vorhanden sind und die in Pascal dann irgendwie simuliert werden müssen."
Als Inhalte der Richtlinien schlug er z.B. Informationsverarbeitung, Probleme der Codierung, Kennenlernen von Betriebssystemen, Probleme der Synchronisation von Prozessen u.a. vor und schloß:

"Daß man ein bißchen mehr diese allgemeinen Prinzipien betrachtet und nicht so sehr die konkreten Dinge."

Im Anschluß wies Herr Dr. Sander auf das bereits im Vortrag herausgestellte Problem der Stoffülle des Curriculums hin. Im Grundkurs seien die Inhalte kaum umsetzbar. Didaktische Reduktion sei hier erforderlich.

Herr Hack stellte - mit Bezug auf Äußerungen von Herrn Prof. Lippe - fest, die Praxis des Informatikunterrichts laufe in eine andere Richtung:

"Das, was im Referat vorgestellt wurde, steht so in den Richtlinien. Aber, ich glaube, die Praxis ist bei den meisten Kollegen mittlerweile anders. Es wird also beispielsweise betont, daß Informatikunterricht kein Programmierkurs sei. Zwar wird überwiegend mit Pascal gearbeitet, aber etwa die Aspekte der abstrakten Datentypen kommen stärker hinein. Es werden Modelle (z.B. Niki, Ali) eingebracht, die nicht direkt in der Sprache vorgesehen sein müssen, oder mit den Sprachen gar nichts zu tun haben."
In der Stoffülle sah er ebenfalls ein Problem des Faches.

Herr Prof. Lippe kam in diesem Zusammenhang noch einmal auf seinen Vorschlag zurück, zwischen EDV-Grundkenntnissen und Informatik zu trennen:

"Ich kann immer wieder nur anregen, daß man vielleicht wirklich diese Trennung machen und zwei Kategorien von Schülern unterscheiden sollte. Eine, die mehr den Umgang mit dem Rechner, den Umgang mit Disketten, den Umgang mit konkreten Software-Produkten und so etwas lernen. Das sind die, die später nicht Informatik studieren wollen und auch nicht in ein stark Informatik-orientiertes Fach hinein wollen. Und die andere, die wirklich Informatik, im Nebenfach oder Hauptfach, studieren wollen. Das sind meiner Meinung nach zwei Kategorien von Schülern, die auch etwas unterschiedlich in der Ausbildung behandelt werden sollten."

Herr Meier verwies zu dem Aspekt 'Grunderfahrung Informatik' auf das vom Minister vor zwei Jahren beschlossene Programm 'Grundbildung Informatik', das in der Klasse 8 beginnt, und sich vom Lehrplan der Oberstufe deutlich unterscheidet:

"Dieses Programm kann insgesamt etwas von dem verwirklichen, was Sie gerne haben möchten, also eine gewisse Nähe schaffen zu dem, was Informatik heute ist. Es könnte ja sein, daß uns das schon am Ende der Pflichtschulzeit Sekundarstufe I gelingt."

Das Problem der Stoffülle und des relativ hohen Leistungsniveaus sah er begründet in der Entstehungssituation der Richtlinien als sich die Kursteilnehmer der Grundkurse aus hochmotivierten 'Computer-Freaks' rekrutierten. Zur Zeit habe sich die Situation verändert:

"Inzwischen ist nun das Leistungsfach da, im Versuchsstadium allerdings, und wir sehen auch, daß wir den künftigen Grundkurs, wenn er sich generell an jedes Schülerinteresse richten soll, wohl herunterholen müssen, etwas anders gestalten und vermutlich von der starken Orientierung auf eine Programmiersprache abgehen müssen.

Herr Schumacher vom Projekt 'Persönlichkeit und Computer', welches die Erhebung des gegenwärtigen Forschungsstandes im Hinblick auf Auswirkungen von Computertechnologie auf die Persönlichkeit von Kindern, Jugendlichen und Erwachsenenin verschiedenen gesellschaftlichen Kontexten zum Ziel hat, sprach sich unter Berücksichtigung dieses Aspektes dafür aus, daß bei einer Reduzierung der Stoffülle des Curriculums die sozialwissenschaftlichen und sozialpsychologischen Aspekte der Computerbenutzung, d.h. eine Reflexion der Technik, unbedingt erhalten werden sollten.

Herr Baerenreiter sah das zentrale Problem darin, daß mit dem Fach Informatik gegenwärtig die Distanz zu dieser Technik grundsätzlich verloren gegangen sei:

"...Vielleicht muß man sich, dies scheint mir ein Punkt in der Debatte zu sein, ein wenig von diesen internen, curricularen Denkstrukturen lösen, um überhaupt noch das Problem zu sehen, sozusagen von außen nochmal ranzugehen und nicht immer nur in diesen Lehrer- oder Didaktikerkategorien zu denken."

Herr Lommel kritisierte, daß der technische Aspekt der Informatik keine Berücksichtigung finde:

"Die Informatik in der Schule ist im Augenblick das einzige Fach, das die technische Seite, d.h. die ingenieurwissenschaftliche Seite, z.T. auch beinhaltet. Und all diese Techniken und Methoden der Ingenieurwissenschaften, die auch bezeichnend sind für andere Ingenieurwissenschaften, sind nicht aufgenommen worden in das Curriculum. Ich meine, daß die große Angst der Abiturienten heute vor technischen Berufen, vor einem technischen Studium, vielleicht auch einfach darin liegt, daß die Technik in der Schule keine Rolle spielt, so daß sie nicht wissen, was das ist, während der Lernbereich IV der Richtlinien Informatik sicherlich noch in anderen Fächern in der Schule zu finden ist, d.h. es kann über diese Thematik in der Schule diskutiert und gesprochen werden, auch wenn es nicht im Fach Informatik ist. Philosophie, Sozialwissenschaften, überall da läßt sich reden, während dieser technische Aspekt, der natürlich unsere Schüler auch interessiert, nicht behandelt wird. Hier wäre eine Chance gewesen, das einzubinden. Das ist nicht erfolgt."

Herr Dr. Sander brach an dieser Stelle die Diskussion ab mit dem Hinweis darauf, daß im weiteren Verlauf des Workshops ein Vortrag zur Berücksichtigung von Schülerinteressen bei der Neugestaltung des Curriculums Informatik folge und dort die Thematik weiterdiskutiert werden könne.

Marietta Elpers

Gründe für das Wahlverhalten der Schüler und Schülerinnen

Unsere Ausgangsthese lautet:
Informatikschüler und -schülerinnen stellen keine einheitliche Gruppe dar, sondern weisen unterschiedliche Lebenseinstellungen und Wertorientierungen auf: Acht Schüler-Typen wurden hier vorgestellt. Diese sind bei Informatikschülern und Vergleichsgruppe anteilmäßig unterschiedlich verteilt. Es kann vermutet werden, daß auch ihre Motivation, Informatikunterricht zu wählen, unterschiedlich ist, und daß sie unterschiedlich auf den durchgeführten Unterricht reagieren.
Es werden zunächst die Wahlgründe der Informatikschüler/innen betrachtet sowie die Gründe der Vergleichsgruppe, Informatik nicht zu wählen bzw. abzuwählen. Im zweiten Teil werden zur Erklärung des Abwahlverhaltens sowohl inhaltliche Aspekte des Informatikunterrichts als auch die Situation im Unterricht beleuchtet.

1. Wahlgründe der Schüler-Typen

In der empirischen Untersuchung wurden von den Schülern und Schülerinnen Aspekte, die für die Wahl des Faches Informatik wichtig sein können, hinsichtlich der Bedeutung für ihre eigene Wahlentscheidung eingeschätzt. Insgesamt ergab sich die folgende Rangfolge.

Tab. 1: Gründe für die Wahl des Faches Informatik (in %)

1.	Interesse am Computer	87,8
2.	Verbesserung beruflicher Chancen	86,2
3.	Verbesserung des Computerwissens	84,0
4.	Neugier am Computer	81,5
5.	Die Möglichkeit zur prakt. Computerarbeit	79,7
6.	Die Aktualität der Computerfrage	60,8
7.	Die Aussicht auf gute Noten	41,6
8.	Abdeckung von Pflichtbindungen	22,3
9.	Freunde besuchen den Kurs	9,9
10.	Rat der Lehrer	6,4
11.	Wunsch der Eltern	5,2

Differenziert man nun zwischen den Typen, so ändert sich diese

Rangfolge zwar nicht gravierend, jedoch gibt es Unterschiede in der Bewertung, die eine unterschiedliche Gewichtung der einzelnen Motive deutlich machen.
Ich werde im folgenden die wichtigsten Tendenzen aufzeigen:
Es wurde bereits festgestellt, daß Aufsteiger und Techniker unter den Informatikschülern und -schülerinnen anteilmäßig deutlich höher vertreten sind als in der Vergleichsgruppe.
Die von uns als Techniker bezeichneten Jugendlichen zeigen ein überdurchschnittliches Interesse am Computer an sich (Interesse am Computer, Verbesserung des Computerwissens).
Aufsteiger zeigen ebenfalls deutlicher als der Durchschnitt der Schüler und Schülerinnen eine solche intrinsische Motivation, besonders auch an der Verbesserung des Computerwissens und der Möglichkeit zu praktischer Arbeit am Computer. Hinzu treten Aspekte extrinsischer Motivation: berufliche Chancen, Zensuren und Elternwunsch sind für sie wichtiger als für den Durchschnitt der Schüler und Schülerinnen.
Anders die Schülerinnen und Schüler, die wir zu den Alternativ-kritischen und den O-Bock-Jugendlichen rechnen: Sie bewerten andere Motive überdurchschnittlich. Weniger der Computer an sich, als vielmehr die Aktualität der Computerfrage erhält überdurchschnittliche Werte. Hier wird ein eher gesellschaftliches Interesse erkennbar. Unterdurchschnittlich werden berufliche Chanchen, Elternwunsch und Lehrerrat bewertet.
Die Schülertypen zwischen den Polen materiell-postmateriell zeigen Durchschnittswerte der hier dargestellten Rangfolge.

Es sind also eindeutige Tendenzen festzustellen. Im Kontrast lassen sich diese untermauern, wenn wir die Gründe der Schüler der Vergleichsgruppe betrachten, warum sie Informatik nicht gewählt haben.

Tab. 2: Gründe der Kontrollgruppe, das Fach Informatik nicht zu wählen (in %)

1.	Interesse an anderen Fächern	77,0
2.	Inhalte des Faches Informatik	59,8
3.	Zeitknappheit	56,7
4.	Angst vor Überforderung	45,8
5.	Aussicht auf gute Noten	36,5
6.	Verbesserung beruflicher Chancen	28,6
7.	Abdeckung von Pflichtbindungen	28,2
8.	Erfahrungen von Informatik-Schülern	28,0
9.	Freunde besuchen den Kurs	14,0
10.	Rat der Lehrer	6,5
11.	Wunsch der Eltern	3,2

Die <u>Techniker</u> der Vergleichsgruppe (unter ihnen mehr Mädchen als Jungen) nennen weniger als der Durchschnitt der Schüler und Schülerinnen die Erfahrungen anderer Schüler mit dem Computer und die Inhalte des Informatikunterrichts, dagegen überdurchschnittlich außerhalb der Sache liegende Gründe als für die Nichtwahl entscheidend: Zensuren, Pflichtbindungen, berufliche Chancen und der Kontakt zu Freunden.

Für die <u>Aufsteiger</u> ist es überdurchschnittlich die Neigung zu anderen Fächern, Pflichtbindungen, auch der Elternwunsch; weniger Angst vor Überforderung oder vor den Inhalten des Unterrichts waren NIchtwahlgründe, vielmehr haben andere Fächer (vielleicht unter dem Druck einer Entscheidung) den Vorrang vor dem Informatikunterricht erhalten.

Die <u>Konservativen Meinungsführer</u> tendieren ähnlich, allerdings etwas weniger deutlich.

Betrachten wir auch wieder die Schülertypen mit eher postmateriellen Wertorientierungen:

<u>Alternative</u> zeigen ein überdurchschnittliches Interesse für andere Fächer und für Kontakte mit Freunden.

<u>O-Bock-Jugendliche</u> zeigen auffällig überdurchschnittlich Angst vor Überforderung, vor den Inhalten und vor Zensuren im Fach Informatik. Überdurchschnittlich wichtig ist auch für sie der Kontakt mit Freunden.

Die <u>Angepaßten</u> und die <u>Fremdbestimmten</u> Jugendlichen, sowie die <u>Sozialen Pragmatiker</u> habe ich bisher nicht genannt. Sie fallen eher dadurch auf, daß sie insgesamt wenig von der Durchschnitts-

meinung abweichen. Allerdings ist für Soziale Pragmatiker) Zeitknappheit und für Fremdbestimmte Überforderung ein häufigerer Nichtwahlgrund als für andere Schüler und Schülerinnen.
Ansonsten treffen für sie, die die breite Mitte der Schüler und Schülerinnen umfassen, die Durchschnittswerte der hier vorgelegte Rangfolge zu.

Es kann festgestellt werden, daß die Schülertypen, die häufiger als der Durchschnitt der Schüler und Schülerinnen Informatik wählen, zum einen durch eine überdurchschnittliche intrinsische Motivation (Techniker), zum anderen durch eine überdurchschnittliche intrinsische und extrinsische Motivation geleitet sind (Aufsteiger).
Die Schülertypen, die anteilmäßig im Informatikunterricht weniger vertreten sind als in der Vergleichsgruppe, zeigen entweder eine Distanz zu den Inhalten des Faches bzw. Angst vor Überforderung (Fremdbestimmte und O-Bock-Jugendliche) oder ein größeres Interesse an anderen Fächern (Alternativ-kritische).

2. Versuch einer Erklärung des Abwahlverhaltens

Hohe Abwahlquoten kennzeichnen die Situation des Faches Informatik an der Schule.
Unsere Fragestellung war, inwieweit - möglicherweise - auch die Inhalte des Faches, d.h. die Gestaltung des Curriculums, und zum anderen die Situation im Unterricht, die Atmosphäre, zu einer Entmutigung der Schüler und Schülerinnen beitragen.

2.1 Curriculare Aspekte

In der empirischen Erhebung wurden die Informatikschüler und -schülerinnen gefragt, welche Gebiete sie intensiver und welche sie weniger intensiv im Unterricht behandeln wollten.

Tab. 3: Themenbereiche, die im Unterricht stärker angesprochen werden sollten

1.	Programmentwicklung	57,7
2.	Angewandte Datenverarbeitung	52,2
3.	Erlernen der Programmiersprachen	49,1
4.	Folgen des Computereinsatzes in der Gesellschaft	41,7
5.	Datenschutz	41,0
6.	Hardwarekunde	39,8
7.	Allg. Einweisung in das Betriebssystem	35,5
8.	Datenstrukturen	35,0
9.	Spielprogramme	31,5
10.	Algorithmik	26,6

Betrachten wir die Schüler und Schülerinnen wieder differenziert nach Typen, so ergeben sich die größsten Unterschiede hinsichtlich der Behandlung gesellschaftspolitischer Fragestellungen des Computer-Einsatzes.
Die <u>Aufsteiger</u>, die wir bisher als Schüler und Schülerinnen mit extrensischer Motivation kennengelernt haben, beurteilen überdurchschnittlich die folgenden Gebiete: Programmiersprachen und Programmentwicklung, unterdurchschnittliche Bedeutung geben sie dem Datenschutz und der Behandlung der sozialen Folgen von Computern im Unterricht.
Die <u>Techniker</u> zeigen abgesehen von einer leicht höheren Neigung zu Spielprogrammen keine überdurchschnittlichen Vorlieben. Eine leicht geringere Bewertung zeigen sie (wie auch die Aufsteiger) für Datenschutz und soziale Folgen.
<u>Alternativ</u> ausgerichtete Jugendliche halten eine Behandlung dieser beiden Gebiete im Unterricht überdurchschnittlich für wichtig. Sie interessieren sich dagegen weniger für Hardwarekunde und Spielprogramme.
Die <u>angepaßten</u> Jugendlichen zeigen ebenfalls eine Tendenz zu den gesellschaftlichen Aspekten der Computernutzung, daneben auch zu angewandter Datenverarbeitung.
In den von uns durchgeführten qualitativen Interviews äußerten sich Schüler dazu wie folgt:
"Die sozialen Auswirkungen z.B., so etwas gehört auch dazu, so etwas muß auch behandelt werden, und auch, welche Auswirkungen der Einsatz des Computers in der Wirtschaft hat, Abbau von Arbeitsplätzen und so weiter, finde ich, darf auch nicht ver-

schwiegen werden im Informatikunterricht, der darf sich nicht auf reine Wissensvermittlung beschränken."

Allen Schülertypen gemeinsam ist, daß ca 60% der Schüler und Schülerinnen der Unterricht nicht anwendungsorientiert genug ist und über die Hälfte der Schüler wünschen mehr praxisorientierte Probleme.
In den Gruppendiskussionen äußerte sich ein Abwähler aus der Jahrgangsstufe 12 wie folgt:
" ... das finde ich schon etwas bescheuert, ja wirklich, wenn der Schwerpunkt auf der Syntax lag, jedenfalls wirklich einfach lächerlich ... dauernd Zinsrechnungsprogramme, wir haben bestimmt zwanzig verschiedene Zinsrechnungsprogramme geschrieben, immer so ein Blödsinn: wo dann eben auch der Punkt, weswegen das viele angewählt haben, bessere berufliche Chancen, klar untergeht, das interessiert ja hinterher kein Schwein mehr ..."

Unterschiedlich sehen die Schülertypen ihre Erwartungen erfüllt. Während Aufsteiger und Angepaßte überdurchschnittliche positiv antworten, sehen die Alternativ-Kritischen und die O-Bock-Jugendlichen ihre Erwartungen eher weniger erfüllt.

Zusammenfassend kann festgestellt werden, daß den Schülern der Unterricht insgesamt nicht anwendungsorientiert genug ist.
Von den Schülertypen unterschiedlich befürwortet wird die Frage einer Behandlung gesellschaftswissenschaftlicher Probleme des Computereinsatzes im Informatikunterricht.
Ebenso wird die Erfüllung von Erwartungen an den Informatikunterricht unterschiedlich beurteilt.

2.2. Atmosphäre im Unterricht

Zunächst soll - differenziert nach Schülertypen - die Wahrnehmung des Informatikunterrichts untersucht werden: von welchen Schülern und Schülerinnen wird der Unterricht eher positiv erlebt, von welchen eher negativ?

Tab.4: Arbeits- und Lernatmosphäre im Informatikkurs

1.	Angstfreie Atmosphäre	65,3
2.	Kontakte außerhalb der Schule	42,0
3.	Überforderung	38,6
4.	Förderung schwächerer Schüler	33,2
5.	gute Klassengemeinschaft	22,8
6.	Erzielung guter Noten	17,4
7.	keine angstfreie Atmosphäre	17,1
8.	Konkurrenzdenken	4,1

Aufsteiger nehmen die Atmosphäre im Informatikunterricht überdurchschnittlich positiv wahr: gute Klassengemeinschaft, angstfreie Atmosphäre und die Förderung schwächerer Schüler.
Techniker empfinden ebenfalls eine gute Klassengemeinschaft und die Förderung schwächerer Schüler.
Angepaßte und fremdbestimmte Schüler tendieren in ihrer Beurteilung ähnlich.
Alternativ-Kritische und O-Bock-Jugendliche erleben die Situation im Informatikunterricht eher zwiespältig: Sie empfinden die Klassengemeinschaft weniger als gut und die Situation im Unterricht überdurchschnittlich durch Überforderung gekennzeichnet. Andererseits erleben sie die Atmospäre als angstfrei und meinen unterdurchschnittlich, daß es vornehmlich um gute Noten gehe.
Überdurchschnittlich negative Aspekte in der Unterrichtssituation sehen Soziale Pragmatiker und Konservative Meinungsführer: Überdurchschnittlich erleben sie Überforderung und unterdurchschnittlich die Förderung schwächerer Schüler und eine angstfreie Atmosphäre.

Mädchen im Informatikunterricht

Ein interessantes Ergebnis hinsichtlich der Einschätzung der Atmosphäre im Informatikunterricht bringt eine Unterscheidung zwischen Jungen und Mädchen.
Die Informatikschülerinnen schätzen die Atmosphäre insgesamt ganz deutlich negativer ein als die Jungen und zwar besonders hinsichtlich der Aspekte: angstfreie Atmosphäre, Überforderung und Förderung schwächerer Schüler.
Die hohen Abwahlquoten der Mädchen können durchaus auch als Ergebnis eines in solcher Weise negativ erlebten Informatikunterrichts gewertet werden.

Die besondere Problematik von Mädchen im Informatikunterricht ist vor dem Hintergrund einer sozialisationsbedingt größeren Distanz von Mädchen zur Technik allgemein zu sehen:
Durch eine geschlechtsspezifische Erziehung bleibt den Mädchen der Zugang zu Technik verwehrt, denn der Umgang mit Technik liegt <u>nicht</u> im weiblichen Geschlechtsrollenstereotyp.
Dadurch geraten Mädchen gegenüber Jungen in einen Kenntnisrückstand hinsichtlich technischer Kenntnisse und Fähigkeiten.
Wenden sich Mädchen den neuen Technologien zu, so werden negative Sanktionen von ihnen geradezu erwartet, sie antizipieren Reaktionen der Umwelt auf nicht geschlechtsrollenkonformes Verhalten.
Computerkurse für Mädchen haben gezeigt, daß die Distanz von Mädchen zum Computer abgebaut werden kann, wenn diese ohne die Konkurrenz von Jungen einen eigenen Zugang zum Computer finden können.
Mit den Aussagen von Informatikschülerinnen in den von uns durchgeführten Gruppendiskussionen läßt sich die oben angesprochene Situation (negative Einschätzung der Atmosphäre) veranschaulichen:

- " die Hälfte (im Unterricht) waren so Profis, und die konnten das alles schon, und dann ging das also ruckzuck durch den Stoff und unsereiner saß da nur noch und kapierte nichts mehr und ließ sich das alles machen und hat das Interesse verloren."
- "Wir hatten überhaupt keine Ahnung, aber es wurde uns auch nicht geholfen, da saß man dann mit den Cracks an den anderen Computern und die hatten ihr Programm schnell fertig, ja, dann ging`s über zum nächsten Programm, und es wurde immer komplizierter, und dann sind wir überhaupt nicht mitgekommen, und da nahm auch keiner weiter Rücksicht drauf."
- "... ich glaube nicht einmal, daß das unbedingt Absicht gewesen sein muß von dem Lehrer, aber daß der Lehrer einfach dieses übliche Bild hat: Mädchen haben nicht so viel Ahnung von Naturwissenschaften,interessieren sich nicht so dafür, sind keine Informatikerinnen, dann kann man der auch nicht so eine gute Zensur geben ..."
- " ... ich meine, wenn es mehr Mädchen gäbe, würde man sich da auch vielleicht mehr hinterhängen "

Das Gefühl einer Benachteiligung gegenüber den Jungen findet sich auch in einer deutlich höheren Zustimmung der Informatikschülerinnen zu getrenntem Unterricht wieder.

Zusammenfassung

Festzuhalten bleibt:

1. Unterschiedliche Lebenseinstellungen und Wertorientierungen veranlassen die Schüler und Schülerinnen der einzelnen Typen in unterschiedlichem Ausmaß, die grundsätzliche Entscheidung zu fällen und Informatik zu wählen. Eine unterschiedliche Motivation wird in der besonderen Bedeutung intrinsischer Aspekte (Techniker), intrinsischer und extrinsischer Aspekte (Aufsteiger) und tendenziell gesellschaftspolitischer Aspekte (Alternativ-kritische) deutlich. Für die breite Mehrheit (soziale Pragmatiker und Angepaßte) sind Interesse am Computer und die Verbesserung beruflicher Chancen vornehmliche Wahlgründe. Die Heterogenität der Schülertypen (also eine eher unauffällige breite Mitte, Aufsteiger und Techniker auf der einen und Alternativ-kritische und O-Bock-Jugendliche auf der anderen Seite) bleibt in allen Jahrgangsstufen erhalten.
2. Hohe Abwahlquoten finden auch ihre Begründung einerseits in Inhalten und andererseits in der Unterrichtssituation.

2.1. Die Inhalte des Unterrichts werden von ca. 60% der Schüler und Schülerinnen als zuwenig anwendungsorientiert beurteilt, und über die Hälte der Schüler und Schülerinnen wünscht eine größere Praxisorientierung. Besonders die Frage der Behandlung gesellschaftswissenschaftlicher Aspekte wird von den Schülertypen unterschiedlich beurteilt. Die Wünsche einzelner Typen werden nicht berücksichtigt: Überdurchschnittlich sehen Aufsteiger und Angepaßte ihre Wünsche erfüllt, unterdurchschnittlich Alternative und O-Bock-Jugendliche.

2.2. Die Atmosphäre im Unterricht wird unterschiedlich eingeschätzt. Die große Mehrheit empfindet die Atmosphäre eher positiv. Überdurchschnittlich positive Bewertungen geben Aufsteiger und Techniker, aber auch angepaßte und fremdbestimmte Schüler tendieren in Richtung einer überdurchschnittlich positiven Bewertung. Alternativ-kritische und O-Bock-Jugendliche empfinden die Unterrichtsatmosphäre eher zwiespältig. Soziale Pragmatiker und konservative Meinungsführer neigen zu einer überdurchschnittlich negativen Beurteilung, wobei der hohe Mädchenanteil bei den sozialen Pragmatikern die Beurteilung beeinflußt. Insgesamt empfinden die Mädchen die Situation deutlich negativer als die Jungen.

Ausblick:
Warum bleiben Schüler/innen im Informatikunterricht?

Schüler wählen den Informatikunterricht:

- als Feld, wo man seine Fähigkeiten einsetzen und seine Berufsaussichten verbessern kann (Aufsteiger, konservative Meinungsführer)
- weil sie den Computer wichtig finden, sie nehmen aber eher eine kritische Einstellung ein (Alternativ-kritisch)
- weil sie Spaß an der Technik haben, er muß nicht unbedingt auch etwas für den Beruf bringen (Techniker, O-Bock-Gruppe)
- um mitzumachen, d.h. sie finden Computer gut, entwickeln aber keinen großen Ehrgeiz (Angepaßte, Fremdbestimmte, soziale Pragmatiker)

Diskussion:

Auf eine Nachfrage zur Vergleichsgruppe erläuterte Herr Schoch-Boesken: Zum Vergleich der Informatikschüler mit durchschnittlichen Schülern auf dem Gymnasium wurden Schüler und Schülerinnen aus eben den Jahrgangsstufen befragt, in denen sich auch die Informatikschüler befanden. Auf eine breite Streuung der Fächer der befragten Kurse wurde Wert gelegt.

Herr Dr. Freiberger, der am Annette-von-Droste-Hülshoff-Gymnasium, einer ehemaligen Mädchenschule, unterrichtet, verglich seinen dortigen Unterricht mit den am Pascal-Gymnasium gewonnenen Unterrichtserfahrungen.
Hinsichtlich des Unterrichts am Pascal-Gymnasium bestätigte er die vorgetragenen Untersuchungsergebnisse. Als Gründe für eine Zurückdrängung der Mädchen nannte er, daß die Jungen in den Kursen die Mehrheit hatten und daß der Unterricht auch aufgrund mangelnder Unterrichtserfahrung von 'Computer-Freaks' bestimmt gewesen sei, die sich den Mädchen gegenüber in den Kursen auch offen ablehnend geäußert hätten.
Dem stellte er seine Erfahrungen am Annette-Gymnasium gegenüber:

"Erstens haben die Mädchen in den Kursen die Mehrheit, das ist schon wesentlich. Zweitens habe ich auch versucht, den Unterricht aufgrund von Anregungen in Fortbildungsveranstaltungen etwas umzustellen. Wir haben versucht, einen mehr algorithmischen Ansatz zu wählen, also die Entwicklung eines Algorithmus in den Mittelpunkt zu stellen, und das Übersetzen in Pascal und auch das Arbeiten an der Maschine zumindest etwas in den Hintergrund zu drängen. Und da zeigt sich etwas Lustiges: Da zeigt sich, daß Mädchen sogar stärker sind im Entwickeln von Algorithmen als die Jungen, die schon drei oder vier Jahre mit Computern arbeiten. Und ich habe den Eindruck - ich kann das noch nicht mit Zahlen belegen -, daß die sich dann aufgrund der Erfolge stärker fühlen, und ich hoffe oder vermute, daß das Abwahlverhalten sich dadurch ändert. Ein anderer Punkt scheint mir sehr wesentlich zu sein: Ich habe jetzt einen Kurs in 11,2: für 14 oder 15 Schüler stehen zehn Geräte zur Verfügung; die Aufteilung weiß' ich nicht genau, aber es sind mehr Mädchen als Jungen. Fast jeder Schüler hat einen Computer für sich. Und die Mädchen werden stärker, das ist der Punkt, den ich hier ansprechen möchte, wenn sie alleine an dem Gerät sitzen und alleine arbeiten können. Ansonsten, wie es früher war: drei, vier Schüler an einem Gerät, davon ein Junge und zwei Mädchen, da haben die Mädchen einfach keine Chance. Also ich vermute, daß der Unterschied zwischen Mädchen und Jungen verschwindet, wenn die Mädchen mehr gefördert werden und dann auch gefordert werden, denn im algorithmischen Arbeiten sind sie weiß' Gott nicht schlechter."

Herr Meier stellte als Problem die tiefverankerte geschlechtsspezifische Rollenfestlegung heraus. Diese beeinflusse nach wie vor sowohl Lehrer als auch Eltern in ihrem Verhalten hinsichtlich einer unterschiedlichen Unterstützung von Computerinteresse bei Jungen und Mädchen.

Diskussion:

Auf eine Nachfrage zur Vergleichsgruppe erläuterte Herr Schoch-Boesken: Zum Vergleich der Informatikschüler mit durchschnittlichen Schülern auf dem Gymnasium wurden Schüler und Schülerinnen aus eben den Jahrgangsstufen befragt, in denen sich auch die Informatikschüler befanden. Auf eine breite Streuung der Fächer der befragten Kurse wurde Wert gelegt.

Herr Dr. Freiberger, der am Annette-von-Droste-Hülshoff-Gymnasium, einer ehemaligen Mädchenschule, unterrichtet, verglich seinen dortigen Unterricht mit den am Pascal-Gymnasium gewonnenen Unterrichtserfahrungen.

Hinsichtlich des Unterrichts am Pascal-Gymnasium bestätigte er die vorgetragenen Untersuchungsergebnisse. Als Gründe für eine Zurückdrängung der Mädchen nannte er, daß die Jungen in den Kursen die Mehrheit hatten, und daß der Unterricht auch aufgrund mangelnder Unterrichtserfahrung von 'Computer-Freaks' bestimmt gewesen sei, die sich den Mädchen gegenüber in den Kursen auch offen ablehnend geäußert hätten.

Dem stellte er seine Erfahrungen am Annette-Gymnasium gegenüber:

"Erstens haben die Mädchen in den Kursen die Mehrheit, das ist schon wesentlich. Zweitens habe ich auch versucht, den Unterricht aufgrund von Anregungen in Fortbildungsveranstaltungen etwas umzustellen. Wir haben versucht, einen mehr algorithmischen Ansatz zu wählen, also die Entwicklung eines Algorithmus in den Mittelpunkt zu stellen, und das Übersetzen in Pascal und auch das Arbeiten an der Maschine zumindest etwas in den Hintergrund zu drängen. Und da zeigt sich etwas Lustiges: Da zeigt sich, daß Mädchen sogar stärker sind im Entwickeln von Algorithmen als die Jungen, die schon drei oder vier Jahre mit Computern arbeiten. Und ich habe den Eindruck - ich kann das noch nicht mit Zahlen belegen -, daß die sich dann aufgrund der Erfolge stärker fühlen und ich hoffe oder vermute, daß das Abwahlverhalten sich dadurch ändert. Ein anderer Punkt scheint mir sehr wesentlich zu sein: Ich habe jetzt einen Kurs in 11,2: für 14 oder 15 Schüler stehen zehn Geräte zur Verfügung; die Aufteilung weiß' ich nicht genau, aber es sind mehr Mädchen als Jungen. Fast jeder Schüler hat einen Computer für sich. Und die Mädchen werden stärker, das ist der Punkt, den ich hier ansprechen möchte, wenn sie alleine an dem Gerät sitzen, und alleine arbeiten können. Ansonsten, wie es früher war: drei, vier Schüler an einem Gerät, davon ein Junge und zwei Mädchen, da haben die Mädchen einfach keine Chance. Also ich vermute, daß der Unterschied zwischen Mädchen und Jungen verschwindet, wenn die Mädchen mehr gefördert werden, und dann auch gefordert werden, denn im algorithmischen Arbeiten sind sie weiß' Gott nicht schlechter."

Herr Meier stellte als Problem die tiefverankerte geschlechtsspezifische Rollenfestlegung heraus. Diese beeinflusse nach wie vor sowohl Lehrer als auch Eltern in ihrem Verhalten hinsichtlich einer unterschiedlichen Unterstützung von Computerinteresse bei Jungen und Mädchen.

Harald Baerenreiter

Jugend und Computer – Zur Empirie eines problematischen Verhältnisses

Die Zeitschrift TEMPO berichtet in der Juli-Ausgabe dieses Jahres über eine von ihr selbst in Auftrag gegebene Studie. Thema: Die grünen Wähler. Neun unterschiedliche Wählertypologien identifiziert die Untersuchung, darunter der "Grüne Chippie". Auf immerhin 10 Prozent der Wähler der Grünen trifft, so die Psydata Studie, folgende Charaktersierung zu: "Er besitzt einen Computer, ist durchschnittlich 30 Jahre alt und Technik-Freak. Häufiger als jeder andere glaubt er, daß die ökologische Krise nur mit High-Tech gelöst werden kann. 32 Prozent aller Grün-Chippies besitzen einen Video-Recorder (gegenüber 19 Prozent bei den restlichen Grünwählern). 11.4 Prozent lesen die 'FAZ' (gegenüber 3.8 Prozent)." (Tempo 7/87). Aus dem Artikel ist nicht zu entnehmen, ob man über den Anteil der "Technik-Freaks" unter den Grün-Wählern überrascht gewesen ist, immerhin ist sein Anteil höher als der Anteil der "Fundis", die auf 8.2 Prozent kommen, und etwa ähnlich hoch wie der Anteil der "Alternativen" (13 Prozent) oder der "Luxus-Grünen" (11 Prozent). Aber bemerkenswert ist es schon, "Chippies" gerade in einer Partei zu finden, die eine kritische bis ablehnende Haltung gegenüber Groß- und Hochtechnologie propagiert.

Interpretieren wir dieses Ergebnis aus einer anderen Perspektive, dann fällt auf: Man kann wohl Grün-Wähler sein und trotzdem ein positives Verhältnis zu modernen Technologie haben, aber die "technologische Grundhaltung" bestimmt fast die ganze Alltagsorientierung. Der Computer ist in ein Set von technischen Geräten eingebunden (Video-Recorder, große Stereo-Anlage), der Besitz korrespondiert mit der Auffassung, gesellschaftliche Probleme seien durch die richtige Anwendung von Technologie lösbar, das ganze Denken scheint "praktischer" und "pragmatischer" orientiert zu sein.

Und damit sind wir mitten im Thema: Am Verhältnis Jugendlicher zum Computer, oder allgemeiner, am Verhältnis der Menschen zu den technischen Dingen des Alltags, scheint eine gesellschaftliche

Grundorientierung ablesbar zu sein. Es geht also um mehr und Grundsätzlicheres als um eine Einstellung zur Technik, bzw. zu Computern.

Noch vor einigen Jahren war von einer "Technikfeindlichkeit" bei Jugendlichen zu hören. Immer weniger Abiturienten wählten naturwissenschaftlich-technische Studienfächer, die Anzahl der Ingenieur-Studenten ginge zurück, so die angstvollen Prognosen einer Bundesrepublik, die ihren internationalen technologischen Standard verliert, weil der Nachwuchs ausbleibt (und nicht nur durch den "Pillen-Knick"). Der heimlichen (angeblichen) Verweigerung trat die öffentliche zur Seite: Die Anti-Atomkraftwerk-Bewegung rekrutierte sich vorwiegend aus den Reihen der nachwachsenden Generation. In der Jugenddebatte Anfang der achtziger Jahre glaubte z.B. die Enquete-Kommission "Jugendprotest im demokratischen Staat", daß "Technikfeindlichkeit" der Jugendlichen im Zusammenhang mit einem globalen Wertwandel eine der auslösenden Faktoren der Jugendprotestbewegung gewesen sei. Die Jugendlichen hätten kein Vertrauen mehr in eine Gesellschaft, die sich sozialen Wandel nur als technischen vorstellen kann (Wissmann; Hauck 1983). Mittlerweile wurde wieder entwarnt: Von einer generellen "Technikfeindlichkeit" bei Jugendlichen könne man keineswegs reden (Bundesminister für Bildung und Wissenschaft 1982; Bundesminister für Forschung und Technologie 1982; Geissler 1985; Ziehfuss 1983). Verschiedene repräsentative Jugendstudien (Fischer/ Fuchs/ Zinnecker 1981; SINUS 1983) bestätigen dies.

Aber die Diskussion über das Verhältnis Jugendlicher zur Technik war damit nicht beendet, nicht mehr "Technikfeindlichkeit" beherrschte die politische, pädagogische und wissenschaftliche Diskussion, sondern das genaue Gegenteil. Überall konnten Jugendliche beobachtet werden, die sich Computer kauften, und damit begannen, die Möglichkeiten dieser Maschine intensiv auszuloten. In den Kaufhäusern drängten sich Jugendliche vor den Computerbildschirmen, programmierten auf den ausgestellten Computern eigene Programme, kopierten eigene und fremde Programme, "knackten" kopiergeschützte Programme, kurz, es schien, als entwickle sich eine fast subkulturelle Computerszene (Horx 1984). Nicht die Distanz Jugendlicher zur Technik war jetzt das Bemerkenswerte, Aufmerksamkeit erregte zuerst die Intensität der "Beziehung"

Jugendlicher zu Computern. Die pädagogische Diskussion dieses sozialen Phänomens ähnelte in der Folge oft einer Diskussion über das Verhalten Süchtiger.
Konservative Politiker wiederum feierten dies als den Einstieg Jugendlicher in die "High-Tech-Gesellschaft" und sahen darin ein Indiz für das Ende einer technikkritisch orientierten gesellschaftspolitischen Haltung. Trotz Arbeitslosigkeit, Waldsterben, verschmutzer Flüsse und Tschernobyl blickten Jugendliche wieder optimistisch in die Zukunft, "No Future" sei out. Im übrigen sind die Konservativen der festen Überzeugung, der jugendliche Zukunftsoptimismus sei das Ergebnis ihrer zukunftsorientierten Politik, wobei sie darunter die forcierte Förderung groß- und hochtechnologischer Bereiche verstehen.
Unterhalb dieser gesellschaftspolitischen Thematisierung beschäftigen sich Pädagogen, Soziologen, Informatiker und Journalisten mit dem augenscheinlichen Phänomen des immer weiter um sich greifenden Computer-Booms bei Jugendlichen. Einige Überschriften aus bekannten Zeitschriften: "Liebe auf den ersten Blick" (Zeit, 12.11.1982), "Die Computer-Kinder" (Stern 33/82) oder die Titelgeschichte des Spiegels (50/83) "Computer - das ist wie eine Sucht", darin das Interview mit einem jugendlichen Computer-Fan "Ich beherrsche, was andere nicht können".
Das Grundmodell der Argumentation, nicht nur für die Journalisten, sondern auch für viele Wissenschaftler, lieferte Joseph Weizenbaum (1978) mit seiner Beschreibung des "zwanghaften Programmierers":
"Überall, wo man Rechenzentren eingerichtet hat, d.h. an zahllosen Stellen in den USA wie in fast allen Industrieländern, kann man aufgeweckte junge Männer mit zerzaustem Haar beobachten, die oft mit eingesunkenen, brennenden Augen vor dem Bedienungspult sitzen; ihre Arme sind angewinkelt, und sie warten nur darauf, daß ihre Finger - zum Losschlagen bereit - auf die Knöpfe und Tasten zuschießen können, auf die sie genauso gebannt starren wie ein Spieler auf die rollenden Würfel. Nicht ganz so erstarrt sitzen sie oft an Tischen, die mit Computerausdrücken übersät sind und brüten darüber wie Gelehrte, die von kabbalistischen Schriften besessen sind. Sie arbeiten bis zum Umfallen, zwanzig, dreißig Stunden an einem Stück. Wenn möglich, lassen sie sich ihr

Essen bringen: Kaffee, Cola und belegte Brötchen. Wenn es sich einrichten läßt, schlafen sie sogar auf einer Liege neben dem Computer. Aber höchstens ein paar Stunden -dann geht es zurück zum Pult oder zum Drucker. Ihre verknautschten Anzüge, ihre ungewaschenen und unrasierten Gesichter und ihr ungekämmtes Haar bezeugen, wie sehr sie ihren Körper vernachlässigen und die Welt um sie herum vergessen. Zumindest solange sie dermaßen gefangen sind, existieren sie nur durch und für den Computer" (160f).

Sucht und Flucht lauten die Stichwörter. In der bundesrepublikanischen Diskussion wird dieses Grundmodell um die Dimension des "heimlichen Lehrplans" erweitert. Bei Volpert (1985) liest es sich so:

"Es scheint, als ob die Weltverlorenheit, der Abschied von den realen und handgreiflichen Dingen, die Gleichgültigkeit gegenüber den Inhalten das erwünschte Verhalten für die nächste Generation von Arbeitenden, auf verschiedenen hierarchischen Stufen, ist" (70).

Oder bei Jürgen Fritz (1984), der sich mit Computerspielen befaßt hat:

"Sie (die Computerspiele, d.V.) bewirken bei Spielern ab etwa 14 Jahren eine Entemotionalisierung, eine Dämpfung des Gefühlspotentials, weil nur bei mittlerer Aktivierung hohe Leistungen möglich sind. Videospiele als Stressoren sind Medien für die Einübung von Verhaltensstandards in eine computerisierte Gesellschaft, in der der Mensch auf seine maschinenhaften Fähigkeiten reduziert erscheint. Videospiele ermöglichen es, sich an Streßsituationen zu gewöhnen, die die Menschen an ihren zukünftigen Arbeitsplätzen, sei es im Büro oder in der Produktion, vorfinden werden und die dort ertragen lernen müssen. So gesehen sind Viedospiele eine vermittelnde Antwort auf neue Techniken und Lebensverhältnisse. Sie machen Leiden erfahrbar und aushaltbar; sie führen ein 'Überleben'in den Techno-Strukturen unserer Gesellschaft vor." (362)

Müllert (1984) faßt die Folgen der "Computer-Fixierung" der jugendlichen Computer-Fans, wie sie in der öffentlichen Diskussion geäußert wurden, zusammen:

- "Isolation, Vereinzelung, Verlust der zwischenmenschlichen Beziehungen,

- Lebenspartner Computer, stets bereiter und williger Ansprechpartner,
- Wirklichkeitsverengung auf Eindeutiges, Sachliches, Systematisches,
- Aggression gegenüber allem, was sich der Algorithmisierung entzieht,
- Leben in selbstgeschaffenen Programmwelten, Illusion von Einfluß und Macht
- Sucht, Abhängigkeit von einer auf den Computer zusammengeschrumpften Welt,
- Formalisierung des Informationsaustausches, Ausschluß von Gefühlen und sinnlicher Wahrnehmung,
- Versiegen von Denk- und Handlungsvielfalt, Verlust des Erfahrungssammelns in der Auseinandersetzung mit anderen,
- Verarmung sprachlicher Ausdruckskraft, formelhafte Sprache." (423)

Sollten dies tatsächlich die Folgen der intensiven Beschäftigung mit Computern sein, dann ist wirklich um die Zukunft zu bangen. In einer Gesellschaft, die sich in einem technologischen Innovationsprozeß befindet, in der Computer in eine zunehmende Zahl von beruflichen und privaten Tätigkeiten integriert werden, müßte, wenn die negativen Folgen des intensiven Umgangs mit Computern so richtig beschrieben sind, um eine Reihe von Grundqualifikationen des sozialen Lebens gefürchtet werden. Auf dem Spiel stehen soziale Kommunikationsfähigkeiten, soziale Koopperationsfähigkeiten, Urteils- und Kritikfähigkeit, planerische und gestalterische Tätigkeiten, kurz, Kreativität und Sozialität der Menschen.
Jugendliche, die sich freiwillig und intensiv in ihrer Freizeit mit dem Computer beschäftigen - "Computer-Fans", "Computer-Kids" - sind so für einen großen Teil der pädagogisch-sozialwissenschaftlichen wie auch für Teile der allgemeinen öffentlichen Diskussion über die neuen Medien, die neuen Technologien, die Computerisierung der Gesellschaft deshalb ein Thema von herausragendem Interesse: An ihnen sieht man die Entwicklung vorgezeichnet, die Gefahren und Fehlentwicklungen ablesbar, die auf uns alle zukommen würden, sollte sich die Computerisierung der

Gesellschaft durchsetzen. Die jugendlichen Computer-Fans dienen unfreiwillig als Beleg für die Sozialunverträglichkeit der Computerisierung aller Lebensbereiche.

Was wissen wir eigentlich?

Ist dieser Nachweis wirklich zu führen? Wie empirisch gesättigt sind Überlegungen wie die oben angeführten? Welche Daten hat uns die empirische Forschung bisher geliefert? Zu welchen Ergebnissen ist sie gekommen?

Shell-Studie "Jugendliche und Erwachsene '85"

Zur Vorbereitung eines Forschungsprojekts über 'Jugendliche Computer-Fans'[1] haben wir die Daten der letzten Shell-Jugendstudie ausgewertet. Uns interessierte, ob und wie sich Computer-Fans in ihren Meinungen, Werthaltungen und Orientierungsmustern sowohl vom repräsentativen Querschnitt als auch von einzelnen jugendlichen Gruppenstilen unterscheiden, ob sie sich als eine besondere Gruppe mit eigener Kontur herauskristallisieren.
In der Studie wurde den Jugendlichen[2] unter anderen folgende Frage gestellt: "Manche Gruppen von Leuten sind bekannt geworden weil sie etwas besonderes machen oder einen besonderen Stil pflegen. Ich habe hier Kärtchen mit solchen Gruppen, die seit einiger Zeit von sich reden machen. Wie stehst Du zu den einzelnen Gruppen/ Aktivitäten?" (Frage 33). Zu 24 verschiedenen Gruppen oder Stilen (z.B. Punks, Popper, Fußball-Fans, Disco-Fans, Alternative, Friedensbewegung, Jogging usw.) konnten die Befrag-

---

[1] Das Projekt 'Jugendliche Computer-Fans' wird vom Land Nordrhein-Westfalen als Teilprojekt des Landesprogramms 'Mensch und Technik - Sozialverträgliche Technikgestaltung' finanziert.

[2] Befragt wurden im Frühjahr 1984 1472 Jugendliche im Alter von 15 bis 24 Jahren und 729 Erwachsene im Alter von 45 Jahren bis 54 Jahren, ausgewählt im Quoten-Verfahren, um Repräsentativität zu erreichen. Ziel der Studie war es "ein Bild der Jugend in der ersten Hälfte der achtziger Jahre aus einem Vergleich mit den Erwachsenen heute sowie aus einem Vergleich mit der Jugend der fünfziger Jahre heraus" (Fischer/ Fuchs/ Zinnecker 1985, I, 10) zu zeichnen.

ten äußern, ob

- sie sich selbst dazurechnen/ so ähnlich leben,
- sie nicht dazugehören, solche Leute aber ganz gut finden,
- die Gruppe ihnen ziemlich egal ist/ sie sie aber tolerieren können,
- sie die Gruppe nicht so gut leiden können,
- es Gegner/ Feinde von ihnen sind, die sie bekämpfen,
- sie von der Gruppe noch nie etwas gehört haben bzw. sich nichts darunter vorstellen können.

84 (6%) aller befragten Jugendlichen geben an, Computer-Fans zu sein und ein technisches Interesse an Computern zu haben (Frage 39). 7 von ihnen sind Mädchen. Da sich mit einer so kleinen Zahl weiblicher Computer-Fans nicht rechnen läßt, beschränkt sich die folgende Auswertung auf 77 männliche Computer-Fans. Diesen stehen 142 (21%) männliche und 252 weibliche (36%) Jugendliche gegenüber, die sich als Gegner der Computer-Fans bezeichnen. Unsere Auswertung ist deshalb ein kontrastierender Vergleich zwischen Computer-Fans und ihren männlichen und weiblichen Gegnern.[3]
Was zunächst auffällt, ist die geringe Zahl der befragten Mädchen, die sich als Computer-Fans bezeichnen. Gleichzeitig finden wir eine relativ große Gruppe von Mädchen, die sich explizit als Gegner der Computer-Fans verstehen. Obwohl es zu den Standardformeln öffentlicher Diskussionen gehört, die Distanz von Mädchen zu Computern und Technik zu beklagen, kann dies durch diese Zahlen nicht ohne weiteres belegt werden. Es handelt sich hier zuerst nicht um eine Aussage über das Verhältnis der Mädchen zu dieser modernen Technologie, sondern zu einer sozialen Gruppe. Abgelehnt werden von den Mädchen nicht die Computer, sondern die

---

[3] 77 Computer-Fans entsprechen ca. 5% der Gesamtstichprobe der Shell-Jugendstudie. Vor allen weitergehenden Schlußfolgerungen muß deshalb gewarnt werden. Die Ergebnisse, die hier referiert werden, genügen den Ansprüchen auf Repräsentativität in keinem Fall. Im Zentrum unseres Interesses stand die Struktur des Antwortverhaltens der Computer-Fans und nicht ihre quantitative Verteilung in einer repräsentativen Stichprobe. Alle verwendeten Zahlen sind nicht in ihrer absoluten Höhe interessant, sondern in der Tendenz, die sich in ihnen ausdrückt. Insofern scheint es uns gerechtfertigt zu sein, auch mit der kleinen Zahl von Computerfans zu operieren.

Computer-Fans. Gestützt wird diese Aussage indirekt von den Ergebnissen der Gesamtstudie. Das technische Interesse der Mädchen ist zwar geringer als das der Jungen - wobei kaum jemand sagen kann, was "geringer" eigentlich bedeutet -, interessanter ist das Ergebnis, daß Mädchen strukturell andere technische Interessen haben als Jungen.

Soziodemographisch sind die Unterschiede zwischen Computer-Fans und ihren Gegnern nicht sehr ausgeprägt. Die Kombination von Alter- und Geschlechtsangabe läßt die Vermutung zu, daß männliche Gegnerschaft etwas mit Verunsicherungen im beruflichen Alltag oder mit Unwägbarkeiten der beruflichen Zukunft zu tun haben könnte. Sie sind eher älter und haben Hauptschulabschluß oder Abitur, d.h. wir finden männliche Gegner mit großer Wahrscheinlichkeit eher unter Facharbeitern bzw. Auszubildenden oder unter Studenten der Fachhochschulen und Universitäten. Weibliche Gegner sind eher jünger, wir finden sie unter den Schülern der Gymnasien. Bei Computer-Fans ist kein solcher Trend erkennbar. Sie sind in allen Altersstufen und auf fast allen Schulniveaus etwa gleich stark vertreten. Die Mehrzahl von ihnen befindet sich allerdings noch in der Ausbildung (66% der Computer-Fans gegenüber 57% der männlichen und 60% der weiblichen Gegner).

Mit welchen Erwartungen blicken die drei Gruppen in die Zukunft? Computer-Fans beurteilen sowohl ihre persönliche als auch die Zukunft der Gesellschaft wesentlich optimistischer als ihre Gegner, was sich auch in der Einschätzung möglicher Zukunftsereignisse widerspiegelt. Ob sich ihre Beurteilung auf die Gefahren der Zerstörung der Umwelt, auf die Drohung eines Atomkriegs, auf wirtschaftliche Krisen oder Arbeitslosigkeit richtet, Computer-Fans halten das Eintreffen dieser Ereignisse für weniger wahrscheinlich als ihre männlichen und weiblichen Gegner. Die deutlichsten Unterschiede finden wir bei der Überzeugung vom Eintritt eines wirtschaftlichen Aufschwungs, bzw. der Wahrscheinlichkeit, daß sich die Wirtschaftskrise verstärken wird. Die unterschiedlichen Prognosen von Computer-Fans und ihrer Gegner liegen hier um jeweils rund 30% auseinander: Computer-Fans halten es für wahrscheinlicher als ihre Gegner, daß sich die wirtschaftliche Situation in Zukunft verbessern wird. Die Unterschiede in der Beurteilung der Gefahren für die Umwelt oder die Angst vor dem

Ausbruch eines Atomkrieges sind zwischen den Gruppen zwar geringer, verändern aber der Bild des strukturellen Unterschieds zwischen Computer-Fans und Gegnern nicht.
Politisch interessiert sind 64% der Computer-Fans, ein eher durchschnittliches Interesse, wenn wir es am Interesse für Politik aller befragten männlichen Jugendlichen messen. Sowohl männliche als auch weibliche Gegner der Computer-Fans sind politisch überdurchschnittlich interessiert. Fragt man nach der Nähe zu politischen Gruppierungen, rangieren die Grünen mit 42% bei den männlichen und 37% bei den weiblichen Gegnern unumstritten an erster Stelle. Computer-Fans verteilen ihr Interesse auf CDU/CSU (27%), SPD (21%) und Grüne (22%). 26% der Fans stehen keiner politischen Gruppierung nahe.
Im Spektrum sozialer Orientierungsmuster sind Computer-Fans dem einen Pol ("Anpassungsbereitschaft", "Eigenverantwortung", "Privatisierung") und ihre Gegner dem anderen Pol ("Selbstbehauptung", "Selbstentfaltung", "Träume") strukturell zuzuordnen.[4]
Ist ein Wertwandel auch bei Computer-Fans zu erkennen? Neue Werte, beschrieben als die Forderung, neue Lebensformen zu finden, aus Sachzwängen auszubrechen, lockerer und spontaner zu leben, mehr auf andere Menschen einzugehen und nicht nur an materielle Dinge zu denken, treffen auf große Zustimmung bei den Gegnern der Computer-Fans, auch wenn die Bewertungsunterschiede bei Fans und ihren Gegnern nicht sehr ausgeprägt sind. Demgegenüber finden sich deutliche Unterschiede bei der Akzeptanz alter Werte, beschrieben als die Forderungen, mit dem Gegebenen zufrieden zu sein, gute Umgangsformen zu pflegen, Ordnung und Sauberkeit zu halten, fleißig zu sein und seine Pflicht zu tun. Computer-Fans halten alte Werte für wichtig, ihren Gegner sind sie nicht wichtig.
Wenden wir unsere Aufmerksamkeit dem sozialen Mikrokosmos zu. Computer-Fans beurteilen Erwachsene weniger kritisch als ihre Gegner, glauben eher, daß Jugendliche und Erwachsene gut miteinander auskommen und nehmen Spannungen zwischen den Generationen in geringerem Maße wahr. Geringere Kritik der Computer-Fans an

---

[4] Zum Konzept, Anlage und Auswertung "Soziale Orientierungsmuster" vgl. Fischer/ Fuchs/ Zinnecker 1985, Bd.I, 133ff.

Erwachsenen geht einher mit einer geringeren Fixierung auf eine eigene Jugendkultur mit spezifischen Wert- und Zielvorstellungen. Sie sehen sich weniger im Gegensatz zu Erwachsenen, und sie leben keinen solchen Gegensatz.

Mit ihren Eltern streiten sich alle befragten Jugendlichen um das Gleiche: Unordentlichkeit, abends weggehen dürfen, schulische Leistungen und die Mithilfe im Haushalt. Gegner der Fans streiten allerdings öfter mit ihren Eltern, und sie haben öfter Auseinandersetzungen, wenn es um Umgangsformen, Kleidung, Rauchen und politische Meinungen geht. Gegner der Computer-Fans, so ist daraus zu schließen, stehen in einer intensiven Auseinandersetzung mit ihren Eltern an Punkten, die die kulturelle Distanz zwischen den Generationen symbolisieren.

Offenbar unterscheiden sich Computer-Fans und ihre Gegner durch Nähe bzw. Ferne zur Erwachsenenwelt. Der niedrige Skalenwert der Computer-Fans auf der "Jugendzentrismusskala"[5] und der hohe Skalenwert der Gegner deutet an, daß die Bewertung der Erwachsenenwelt mit der Bewertung der Jugendsubkultur zusammenhängt. Die Frage ist, ob die geringere Abgrenzung von der Erwachsenenwelt, also die größere Nähe zu ihr, gleichzeitig eine geringere Eingebundenheit in die Welt der Gleichaltrigen bedeutet. Oder spielt sich das Leben von Computer-Fans nur in anderen Kontexten ab als das Leben ihrer Gegner?

Die Antworten von Computer-Fans und ihren Gegnern auf die Fragen, wie oft sie sich im Kreis junger Leute treffen, ob sie ihre Freizeit lieber zu Hause oder anderswo mit Freunden verbringen, oder ob sie Mitglied in einem oder mehreren Vereinen und Verbänden sind, ergeben zusammengefaßt dieses Bild: Comuter-Fans sind weniger fest in einen Kreis gleichaltriger Freunde oder in Cliquen eingebunden als ihre männlichen Gegner und sie sind weniger häufig Mitglied in Vereinen und Verbänden als ihre Gegner. Weibliche Gegner bewegen sich vorwiegend im Kreis privater Freundschaften und Cliquen (was im übrigen für alle befragten Mädchen gilt). Der Grad der informellen und formellen Vernetzung der Computergegner ist deutlich höher als bei Computer-Fans. Die Welt

---

[5] Zum Konzept und zur Skala "Jugendzentrismus" vgl. Fischer/ Fuchs/ Zinnecker 1981, Bd.1, 38ff und 604ff.

der Cliquen, aber auch der Vereine und Verbände ist weniger ihre Welt.
In ihren sportlichen Aktivitäten unterscheiden sich Computer-Fans und ihre Gegner nicht. Fast Dreiviertel der Jugendlichen treiben Sport, Fans und männliche Gegner vor allem in Vereinen, weibliche Gegner eher in unorganisierten Zusammenhängen. Auch die Frage, ob sie gerne tanzen, differenziert die Gruppen nur insoweit, als sich die Vorliebe für das Tanzen als eine weibliche Dimension erweist. Der Grad der Ablehnung ist bei Computer-Fans allerdings geringer als bei den männlichen Gegnern.
Unterschiede zeigen sich in der Präferenz bestimmter Tanzstile. Computer-Fans haben eine Vorliebe für Gesellschafts- und Discotänze, männliche Gegner bevorzugen eher einen freien Tanzstil. Die Vorliebe der weiblichen Gegner verteilt sich auf alle Tanzstile fast gleich, mit einer leichten Tendenz zu Freistil-Tänzen.[6]
Der Anteil der Computer-Fans, die ein Musikinstrument spielen, ist geringer als bei den Gegnern. Kleine Aufsätze, Gedichte, persönliche Briefe schreiben oder ein Bild malen ist auch weniger ihre Sache. Der Teil der Computer-Fans, die nie ein Tagebuch geführt haben, ist größer als bei ihren Gegnern. Alle diese Tätigkeiten sind überwiegend Aktivitäten der Mädchen. Aber selbst beim Vergleich der Computer-Fans nur mit ihren männlichen Gegnern bleibt die Ferne der Fans zu diesen kulturellen Praktiken sichtbar.
Deutliche Unterschiede zwischen Computer-Fans und Gegnern finden sich bei Antworten auf die Fragen, ob und wie oft sie rauchen und ob sie gern alkoholische Getränke zu sich nehmen. Vor allem männliche Gegner rauchen täglich und trinken gern Alkohol, während dies beides Computer-Fans weniger oder überhaupt nicht tun.
Nähe oder Ferne zur Erwachsenenwelt, Vernetzungsgrad, Eingebundenheit in den Kreis der Gleichaltrigen oder in Vereine und Verbände, kulturelle Alltagspraktiken wie Tanzen, Rauchen und Trinken sind Haltungen und Handlungsformen, die in der Biographie

---

[6] Was die Vorliebe bestimmter Tanzstile im Zusammenhang mit Lebensentwürfen und Wertvorstellungen bedeutet, vgl. Fischer 1985.

und in den Lebensentwürfen der Jugendlichen ihren Rahmen finden. Der Verlauf des bisherigen Lebens und die biographischen Entwürfe sind der Hintergrund von Einstellungen, Meinungen, Haltungen und Orientierungen, wie sie bei den befragten Jugendlichen festgestellt werden konnten.

Zu einzelnen biographischen Stationen:

Einen Tanzkurs besucht haben bereits die Hälfte der weiblichen Gegner, Computer-Fans und ihre männlichen Gegner zu je 40%. Von denjenigen, die noch keinen Tanzkurs besuchten, wollen 70% der Computer-Fans gegenüber 80% der männlichen Gegner an keinem teilnehmen. Sowohl männliche als auch weibliche Gegner, die noch an keinem Tanzkurs teilgenommen haben, lehnen eine solche Teilnahme überdurchschnittlich ab. Gegner der Computer-Fans sind eher Gegner dieser konventionellen Station des Lebens, wenn es auch Unterschiede zwischen den Geschlechtern gibt. Über ein Drittel der Computer-Fans haben zum Zeitpunkt der Befragung noch keine sexuellen Erfahrungen mit dem anderen Geschlecht, während 16% der männlichen und 20% der weiblichen Gegner angeben, diese Erfahrung nicht gemacht zu haben. Gegner der Computer-Fans machen diese Erfahrung lebensgeschichtlich früher. Bis zum 18. Lebensjahr haben 82% der männlichen und 76% der weiblichen Gegner, aber erst 65% der Computer-Fans sexuelle Erfahrungen mit dem anderen Geschlecht. Mit dem Ausziehen aus dem Elternhaus haben es Computer-Fans ebenfalls nicht sehr eilig. Bis zum 21.Lebensjahr sind 24% von ihnen, gegenüber 33% der männlichen und 37% der weiblichen Gegner ausgezogen. Insgesamt wohnen noch 75% der Computer-Fans, aber 63% ihrer Gegner bei den Eltern. Heiraten wollen 92% der Computer-Fans, aber nur 61% der männlichen und 79% der weiblichen Gegner. Ähnliches gilt für die Absicht, Vater bzw. Mutter werden zu wollen. "Habe ich noch vor", antworten 87% der Computer-Fans gegenüber 74% der männlichen Gegner. Weibliche Gegner wollen dies zu 88%. Computer-Fans wollen sowohl Kinder haben als auch heiraten, während ihre männlichen Gegner beidem eher reserviert gegenüberstehen. Bei weiblichen Gegnern gibt es den deutlichen Wunsch nach Kindern, was aber, so scheint es, nicht unbedingt mit einer Ehe verbunden sein muß.

Lebensverläufe und Lebensentwürfe von Computer-Fans und ihren männlichen Gegnern, soweit sie mit diesen Stationen beschrieben werden, sind deutlich unterscheidbar. Computer-Fans haben und wollen einen eher konventionellen Lebensverlauf, ihre männlichen Gegner einen eher unkonventionellen. Akzeptieren die Fans Heirat und Kinder als selbstverständliche Stationen der Biographie, so trifft dies bei männlichen Gegnern auf Skepsis und Ablehnung. Sexuelle und soziale Verselbständigung erreichen männliche Gegner früher als Computer-Fans. Frühe Verselbständigung spricht für ein konflikthaftes und risikoreiches Leben, ein Leben, das sich in immerwährender Auseinandersetzung mit der Erwachsenenkultur und den dort herrschenden Norm- und Wertvorstellungen befindet. Eigene Vorstellungen, eigene Ideen und Ziele können nur gegen die Erwachsenen durchgesetzt werden, entsprechend wird die Kultur der Gleichaltrigen Basis und Resonanzkörper dieser Auseinandersetzung. Solche Risiken, Konflikte und Auseinandersetzungen erleben Computer-Fans nicht. Ihr Gegner ist nicht die Welt der Erwachsenen, hier finden sie eher Vorbilder, denen sie gleichen wollen. Im Verhältnis zu ihren männlichen Gegnern sind sie sozial angepaßter, sie ziehen nicht früh von zu Hause aus, und Auseinandersetzungen um Mädchen gibt es im Elternhaus nur in geringem Maß. Weibliche Gegner der Computer-Fans leben eine Art Mischkultur, deren Basis eine ältere und tiefere Schicht weiblicher Normalbiographie zu sein scheint. Dazu gehört der Besuch des Tanzkurses ebenso wie Heiraten und Kinder bekommen. Dieses Grundmuster wird aber überlagert unmd eingefärbt von einem jugendkulturellen Muster früher sexueller und sozialer Verselbständigung.

Insgesamt dürfte der Schluß berechtigt sein, Computer-Fans gehören einem eher konventionell orientierten Teil der Jugend in der Bundesrepublik an, sie gehören zum unauffälligen, stillen und eher "braven" Teil und damit zur Mehrheit. Überrascht hat uns die geringe soziale Auffälligkeit dieser Jugendlichen, vor allem wenn man diese Ergebnisse vor dem Hintergrund der aufgeregten Debatte betrachtet.

Weitere Forschungsergebnisse[7]

Nicht nur unsere Auswertung, auch die übrige empirische Forschung hat bislang wenig Informationen über die Sinnbezüge von Jugendlichen erbracht, die sich intensiv mit dem Computer befassen, keine gründlichen Beobachtungsstudien vorgelegt, keine fallspezifisch-biographischen Zugänge verwirklicht. Nicht nur in der allgemeinen gesellschaftspolitischen Debatte über die "Computer-Sucht", auch in der wissenschaftlichen Literatur überwiegen "entschiedene Schlußfolgerungen auf der Grundlage von verstreuten Beobachtungen" und wenig gezielt erhobenem Datenmaterial (Egg/ Meschke 1985, 3; Geulen 1985, 259; Kanders/ Zimmermann 1985, 4; Bauer/ Hünert/ Zimmermann 1985, 5; Behrens u.a. 1986, 81). Eine ähnlich unbefriedigende Bilanz muß auch zum älteren Diskussionsthema "Videospiele und -spieler" gezogen werden (Möller/ Uhrmeister 1984, 203).

In den letzten zwei Jahren sind Ergebnisberichte über "Jugend und Computer" vorgelegt worden, die - meist der quantitativen Forschungslogik verpflichtet, allerdings ohne Möglichkeit repräsentativer Verallgemeinerung (dies gilt auch entgegen dem Anspruch von Behrens u.a. 1986, für diese Studie) - einige Grundinformationen festhalten lassen:

- Die Beschäftigung mit dem Computer ist für einen sichtbaren Anteil der Jugendlichen heute "ein Faszinosum ersten Ranges" (Geulen 1985, 260; ähnlich von Hentig 1984, 86; Rosemann 1986, 144).

- Jugendliche "Computer-Kultur" ist männlich geprägt; Mädchen tun sich schwerer damit, sich mit dem Gerät anzufreunden.

- Empirische Hinweise lassen sich so auffassen, daß Mädchen stärker als Jungen sich deshalb mit dem Computer auseinandersetzen, weil sie an eine spätere berufliche Nutzung, an eine Verbesserung ihrer Chancen denken, einen Ausbildungs- oder einen Arbeitsplatz zu bekommen. "Dabei steht die Überlegung im Vordergrund, daß über kurz oder lang in immer mehr Berufen Computer als Hilfsmittel bei der Arbeit eingesetzt werden" (Fauser/ Schreiber 1985, II).

---

[7] Der folgende Text ist ein unwesentlich veränderter Ausschnitt aus dem Forschungsantrag: 'Jugendliche Computer-Fans'.

- Jugendliche Computer-Nutzer verbinden mit ihrer Beschäftigung unterschiedliche, auseinanderweisende Absichten und Interessen. Freizeitinteressen stehen neben der Absicht, den "beruflichen Anschluß" an zukünftige Berufsanforderungen nicht zu verpassen (Egg/ Meschke 1985, 23). Mehrfach wird auf Vielschichtigkeit der Motivationen und den "multifunktionalen Umgang mit dem Rechner" (so Behrens u.a. 1986, 62 und 71) hingewiesen (allerdings ohne weitere Differenzierungsbemühungen).

- Der Anteil der Jugendlichen, die einen Computer besitzen, sowie der Anteil derer, die sich selbst als Computer-Fans ansehen, liegt nach mehreren Foschungen (Bauer/ Hünert/ Zimmermann 1985; Fischer/ Fuchs/ Zinnecker 1985, V, 192; Behrens u.a. 1986, 59f; Bonfadelli 1986) bei rund 10 Prozent (bei deutlichem Übergewicht der Jungen).

- Das Interesse von Jugendlichen für den Computer ist an Voraussetzungen der Sozialisation und in biographische Vorbedingungen eingebunden (so für das Interesse an Technik allgemein Bundesminister für Bildung und Wissenschaft 1982, 46; für Computer-Nutzer Geulen 1985; Rosemann 1986, passim).

- Mehrfach wurden allgemeine Einstellungen von Jugendlichen zum Thema Nutzen/ Schaden von Computer in Wirtschaft, Familie und Freizeit erhoben (z.B. Hansen 1983; Bauer/ Hünert/ Zimmermann 1985, 28ff). Sie belegen bei den Befragten ein Nebeneinander von Erwartungen und Befürchtungen, von positiven und negativen Einstellungen (ähnlich in der Gesamtbevölkerung: Lange 1984).

- Nicht geklärt ist die Frage, ob die intensive Beschäftigung mit dem Computer mit dem Bildungsniveau der Jugendlichen sowie dem ihrer Eltern zusammenhängt. Während einige Hinweise auf eine Benachteiligung der Hauptschüler deuten (Egg/ Meschke 1985, 43; Fauser/ Schreiber 1985), haben andere (Kanders/ Zimmermann 1985, 43ff; Bauer/ Hünert/ Zimmermann 1985, 44) keine Zusammenhänge zu Bildungsvariablen gefunden.

Dieser Forschungsstand kann weder methodisch noch in der Sache als befriedigend gelten. Standardisierte Fragen nach der Beurteilung des Computers und der möglichen Computerisierung der Gesellschaft oder nach den Nutzungsinteressen bei Jugendlichen gestatten **keinen Einblick in die wirkliche Interessensorientierung**, in die komplexe Sinnstruktur der Nutzung des Computers bei einzelnen Jugendlichen, in die verschieden gelagerten Amalgame verschiedener Orientierungsdimensionen. Vor allem das Aggregatniveaus dieser Daten wegen erhalten wir keine Informationen darüber, wie sich die divergenten Einstellungsfarben bei Gruppen und bei einzelnen Jugendlichen zu Syndromen, zu Mustern zusammenschließen. Selbst der um Verständnis für die Computer-Fans bemühte Bericht von Rosemann 1986 gelangt - abgesehen davon, daß er Methode, Daten und Schlußfolgerungen kaum dokumentiert - nicht zu fallbezogenen Typenbildungen.

In einem Bereich finden sich viele Fehlschlüsse, besser: **unbegründete Interpretationen**, und zwar bei Verlaufsformen, bei Annahmen über die Entwicklung der Beschäftigung mit dem Computer und über die Gründe und die Auswirkungen dieser Beschäftigung auf die Jugendbiographie. Oft werden aus Querschnittsdaten Schlüsse auf Verlaufsformen bei einzelnen Jugendlichen gemacht, die durch die Daten nicht zu rechtfertigen sind. Solche Fehlschlüsse sind vor allem dann gegeben, wenn sich die Forscher für die "Auswirkungen" der Beschäftigung mit dem Computer interessieren. So wird das Ergebnis, daß Jugendliche, die intensiv mit dem Computer umgehen, als Freizeitpräfernzen zum geringeren Anteil zwischenmenschliche Beziehung nennen, als Ursache-Wirkungs-Verhältnis aufgefaßt: "... beeinflußt die Beschäftigung mit dem Computer die soziale Beziehungsstruktur..." (Behrens u.a. 1986, 161). Auch die verbreitete These, daß den Jüngeren die Nutzung des Computers für Spiele einen "Einstieg in die Computerwelt" erlaube, der dann mit steigendem Alter zunehmend in ernsthaftere Nutzungsformen übergehe (Möller/ Uhrmeister 1984; Liebel/ Siebel 1985; Köck/ Klauser 1986; "Einstiegsdroge" bei Volpert 1985, 73), ist nicht belegt, sondern bestenfalls plausibel aufgrund von Vergleichen der Altersgruppen (so Behrens 1986, 63f).

Schluß und Ausblick

Zusammenfassend können wir festhalten, daß Behauptungen, Prognosen und Empirie weit auseinanderklaffen. Die eingangs zitierten Thesen von Volpert, Müllert und Fritz, die nur stellvertretend für einen großen Teil des öffentlichen und wissenschaftlichen Diskurses herhalten mußten, sind bisher weitgehend ohne empirische Bezüge. Sie können bestenfalls als kulturpessimistische Betrachtung des Modernisierungsprozesses gelten, eher den Verlust des Alten beklagend als das Neue begreifend.

Die gesicherte Datenlage ist zur Zeit mehr als dünn. Weder ist

Genaues über Computer-Fans bekannt, noch wissen wir Definitives über den Einfluß der Computerisierung auf den außerberuflichen Alltag jüngerer und älterer Menschen. Kurz, **wir wissen nicht, wieso der Computer auf Interesse und Engagement bei einer ganzen Reihe von Menschen stößt!** Den Schluß vom Verhalten jugendlicher Computer-Fans auf das Sozialverhalten größerer Gruppen oder etwa der gesamten Gesellschaft oder auch nur Prognosen darüber, welche Auswirkungen der zunehmende Einsatz von Computern auf Sozialverhalten und Orientierungen, auf Wirklichkeitsvorstellungen und Handlungsmuster, haben wird, verbieten allein schon die bisherigen empirischen Ergebnisse. Und die Analyse bisheriger Forschungsansätze läßt noch einen weiteren Punkt problematisch werden: Eigentlich kann nicht, wie es der Titel dieses Textes postuliert, von der Empirie eines 'problematischen Verhältnisses' sondern eher von 'der problematischen Empirie' eines Verhältnisses gesprochen werden.

Was bleibt zu tun? Erstens schlagen wir vor, von aller Aufgeregtheit wegzukommen und gelassen mit dem Interesse und dem Engagement Jugendlicher an Computern umzugehen. Zuallererst ist dies ein **Hobby** wie andere auch. Beobachten wir doch einmal einen richtigen Funkamateur, Briefmarkensammler, Modelleisenbahn-Fan, Sportler. Wird hier nicht auf eine Sache viel Liebe und Engagement verwendet. Für Außenstehende wirkt dies oft wie eine merkwürdige Entrückheit und niemand hat dies je einem "'Hobbyisten" zum Vorwurf gemacht. Und es hat ihnen nie jemand **Asozialität** oder Realitätsuntüchtigkeit unterstellt.

Zweitens ist eine vorsichtige, sensible, aber gezielte Erkundung der Bedeutung und der Sinnbezüge der Computer-Fans gefordert. Das Ziel wäre, herauszuarbeiten, welche Sinnmuster im Verhältnis von Hobby, Vorbereitung auf den Beruf und Antizipation der "Informationsgesellschaft" das Interesse von Jugendlichen an Computern eigentlich tragen.

Literatur

Bauer, Karl-Oswald, Monika Hünert, Peter Zimmermann
Jugend vor dem Bildschirm. Ergebnisse einer schriftlichen Befragung von Dortmunder Schülern und Schülerinnen der achten Klasse an Hauptschulen und Gymnasien. Zwischenbericht des Projektes "Neue Informations- und Kommunikationstechnologien und Wandel der Sozialisationsbedingungen", Dortmund 1985

Behrens, U. u.a.
Jugend und neue Medien. Video, Bildschirmspiele und Computer "erobern" die jugendliche Lebenswelt. Berichte und Studien aus der pädagogischen Abteilung der Universität Trier Nr.17, Trier 1986

Bonfadelli, Heinz u.a.
Jugend und Medien. Eine Studie der ARD/ZDF-Medienkommision und der Bertelsmann-Stiftung. Frankfurt/Main 1986

Bundesminister für Bildung und Wissenschaft
Jugend und Technik - Technik und Schule. Bonn 1982

Egg, Rudolf/ Meschke, Herwig
Jugendliche und Heimcomputer - psychologische Aspekte einer neuen Freizeitbeschäftigung (Abschlußbericht). Bayreuth 1985

Fauser, Richard/ Schreiber, Norbert
Computerkurs für Mädchen. Ergebnisse aus den Befragungen von Interessentinnen und Teilnehmerinnen. Konstanz 1985

Fischer, Artur/ Fuchs, Werner/ Zinnecker, Jürgen
Jugendliche und Erwachsene '85. Generationen im Vergleich. 10. Shell-Jugendstudie, 5 Bände. Opladen 1985

Fischer, Artur/ Fuchs, Werner/ Zinnecker, Jürgen
Jugend '81. Lebensentwürfe, Alltagskulturen, Zukunftsbilder. 9. Shell-Jugendstudie, 3 Bände. Hamburg 1981 (2.Auflage von Band 1 und 2: Opladen 1982)

Fischer, Cornelia
"Tanz" in: Fischer/ Fuchs/ Zinnecker 1985, S.59-106

Fritz, Jürgen
"Videospiele - Abbilder des Computerzeitalters", Deutsche Jugend 8/1984, S.359-366

Geißler,
"Technikfeindlich und Leistungsscheu. Zum Einstellungswandel der Jugend", Aus Politik und Zeitgeschehen B38/ 1985, S. 27-37

Geulen, Dieter
"Sozialisation in einer computerisierten Welt - ein Diskussionsbeitrag", Zeitschrift für Sozialisationsforschung und Erziehungssoziologie 5 (1985), S.255-269

Hansen, Klaus-Henning
"Schülervorstellungen zur elektronischen Datenverarbeitung. Ergebnisse einer empirischen Untersuchung" in: Renate Schulz-Zander u.a., Schulspezifische Programmiersprachen im Informatikunterricht. Institut für die Pädagogik der Naturwissenschaften (IPN) Kiel, Arbeitsberichte 52, Kiel 1983, S.71-114

Hentig, Hartmut von
Das allmähliche Verschwinden der Wirklichkeit. Ein Pädagoge ermutigt zum Nachdenken über die neuen Medien. München 1984

Horx, Matthias
Chip-Generation. Ein Trip durch die Computerszene. Reinbek bei Hamburg 1984

Kanders, M./ Zimmermann, Peter
Schüler am Computer. Ergebnisse einer schriftlichen Befragung von 200 Dortmunder Schülern. Dortmund 1985

Köck, Wolfram/ Klauser, Raimund
" 'Computer-Kids': Telematik, kognitiver und sozialer Wandel", Sozialwissenschaftliche Informationen 15 (1986), S.32-42

Lange, Klaus
Das Image des Computers in der Bevölkerung. Bonn 1984

Liebel, Manfred/ Siebel, Werner
Zur Bedeutung von Telespielen im Alltagsleben von Kindern und Jugendlichen. Arbeitsbericht, Berlin 1985

Möller, Kurt/ Uhrmeister, Martin
"Game over - Computerspiele für den Ernst des Lebens", Neue Praxis (1984), S.199-212

Müllert, Norbert R.
"Wenn die Welt auf den Computer zusammenschrumpft", Westermanns Pädagogische Beträge 36 (1984), S.420-425

Rosemann, Hermann
Computer: Faszination und Ängste bei Kindern und Jugendlichen. Frankfurt/Main 1986
SINUS-Institut
Die verunsicherte Generation. Jugend und Wertwandel. Opladen 1983
Volpert, Walter
Zauberlehrlinge. Die gefährliche Liebe zum Computer. Weinheim/Basel 1985
Weizenbaum, Joseph
Die Macht der Computer und die Ohnmacht der Vernunft. Frankfurt/Main 1978
Wissmann, Matthias/ Hauck, Rudolf (Hrsg.)
Jugendprotest im demokratischen Staat. Enquete-Kommission des Deutschen Bundestags. Stuttgart 1983
Ziefuß, Horst
Technikfeindlichkeit der Jugend - eine vergebliche Debatte. Bad Salzdetfurth 1983

Dank an Gudrun Klose, Mitarbeiterin im Projekt 'Jugendliche Computer-Fans', für Beratung bei Orthographie, Interpunktion, Grammatik und Stil.

Diskussion:

Herr Tüllmann merkte zum Begriff 'Computer-Fan' und 'Computer-Freak' die Problematik an, daß die Zuordnung zu dieser Gruppe bei Untersuchungen zwar oft durch den zeitlichen Rahmen der Beschäftigung der Jugendlichen mit dem Computer erfolge, daß damit aber gleichzeitig die Zuschreibung bestimmter Fähigkeiten verbunden sei.

Demgegenüber berichtete er aus seiner unterrichtlichen Praxis:

"Ich stelle einfach in vielen Fällen fest, daß Schüler, von denen ich weiß', daß sie sich in der Mittelstufe mit dem Computer intensiv beschäftigen, oder auch Nachbarkinder, die von aller Welt bewundert werden, nicht in der Lage sind, einfachste Programmierprobleme aus dem Mathematikunterricht zu lösen. Wenn ich sage, kannst' du nicht zur nächsten Stunde schnell mal ein Programm schreiben, daß man also die Zahl pi für eine Kreisfläche z.B. durch Statistik auch bestimmen kann, dann sind 90% der Schüler, würde ich mal grob schätzen, dazu nicht in der Lage, obwohl sie die tollsten Dinge auf dem Bildschirm erzeugen können, nur wenn man genau nachfragt, wo kommt das her, dann sind das alles fertige Softwareprogramme, die sie laden können, womit sie also hervorragend umgehen können, viel besser als ich es je kann, mit ihren Diskettenlaufwerken: hier was booten, da was booten, das dann mischen, also aus Zeitschriften irgendwas erlernt haben. Aber einfachste Probleme, die nicht schon vorgelöst sind, sind sie häufig gar nicht in der Lage zu lösen. Trotzdem werden sie unter die große Gruppe der 'Computer-Fans', 'Computer-Freaks' gefaßt, zumindest, wenn man sich so ansieht, wie stark sie sich damit beschäftigen, und ihnen werden dann die Eigenschaften zugebilligt, daß sie diese Sachen alle können, in Wirklichkeit können sie nicht viel."

Die große Faszination für die Kinder und Jugendlichen liege darin, daß sie in diesem Bereich die Erwachsenen beeindrucken könnten:

"... Es ist für Kinder sicher eine der wenigen Möglichkeiten, Erwachsenen was vorzumachen, und ihnen was zu zeigen, was sie können, wo die Erwachsenen nur davor stehen und es bewundern und es noch nicht einmal nachvollziehen können, wie es läuft. In

Wirklichkeit sind es häufig nur einfachste Fähigkeiten, daß sie also Tastenkombinationen erlernt haben und damit Bilder, Graphiken erzeugen können und alle anderen staunen."

Herr Baerenreiter entgegnete diesem Einwand, daß für die Beschäftigung mit dem Phänomen 'Computer-Fan' die Erfüllung schulischer Anforderungen kein Kriterium sei, vielmehr gehe es in dem Projekt 'Jugendliche Computer-Fans' in Hagen darum, die Sinnbezüge, die innere Sinnstruktur dieser Jugendlichen herauszufinden, insofern gehe es um innere, nicht um äußere Kriterien.

Herr Morsbach stellte als Übereinstimmung in der Gesprächsrunde fest, daß die Befürchtung gehegt wird, vom Informatik-Unterricht gehe womöglich eine Faszination auf die Schüler aus, so daß diese den Computer unkritisch in ihr Interessengebiet übernehmen und die Distanz zu dieser Technik verlieren. Er schloß:

"Oder ist diese Faszination 'Computer' eigentlich auch eine Einstellung von Leuten, die nicht so genau wissen, was da vor sich geht, die das beobachten, und die so ähnlich reden, wie die, die den 'Computer-Freak' erfunden haben und den auch nicht genau spezifizieren können."

Herr Prof. Lippe merkte an, daß kritische Hinweise auf die Gefahren des Computers überwiegend aus Informatikerkreisen gekommen sind. Er verwies in diesem Zusammenhang z.B. auf die Kritik an der Volkszählung. Er betonte:

"Also es ist nicht so, daß die Leute, die sich intensiv mit den Neuen Technologien beschäftigen, deshalb dem kritiklos gegenüberständen. Das muß nicht dazu führen. (...) Im Gegenteil, man kann sogar sagen, nur wenn man wirklich viel Ahnung von der Sache hat, kann man die Gefahren sehen."

Herr Dr. Sander kam in diesem Zusammenhang noch einmal auf die Bedeutung des Lernberichs IV im Curriculum zurück und teilte die folgende Beobachtung mit:

"... Die Beschäftigung mit dem Gerät und auch die intensive Programmierung hat, soweit ich das auch bei Schülern gesehen habe, häufig dazu geführt, wenn man die danach gefragt hat, ja wie ist denn das eigentlich mit Datenschutz oder so etwas, habt ihr das mal im Unterricht behandelt, oder wollt ihr das behandeln, da hatten die Schüler, soweit ich das gesehen habe, weitgehend den Eindruck, das sind Sachen, da muß man drüber sprechen, aber das gehört nicht zum Informatik-Unterricht, weil es nämlich am Ende der Jahrgangsstufe 13 steht. Insofern wäre doch zu überlegen, was ja auch eben schon angedeutet worden ist, ob man solche Probleme nicht schon von Anfang an mit in den Aufbau eines Curriculums einbeziehen sollte. Dann wären diese Fragen in das Curriculum und in das Fach integriert. So sind sie Fremdkörper."

Herr Baerenreiter verwies an dieser Stelle auf den unkritischen Umgang mit dem Computer in der Gesellschaft und zweifelte an, daß die Schule hinsichtlich eines kritischen Verhältnisses zu einem 'leading factor' gemacht werden könnte. Zum Vergleich nannte er den Sozialkundeunterricht.
Er sah die Problematik weniger auf curricularer als auf kognitiver Ebene, weil Lehrer möglicherweise selbst der Faszination des Computers erlägen. Notwendig sei, daß Lehrer eine kritische Umgangsweise im Unterricht vorlebten.

Herr Schumacher stellte fest, daß sich am Computer eine kritische Auseinandesetzung zur Gesellschaft thematisiert hat. Diese beinhalte für die Schule die Chance, Entwicklungen und Zielvorstellungen in Frage zu stellen und anders damit umzugehen.

Herr Baerenreiter relativierte die Bedeutung curricularer Konzepte mit dem Hinweis auf das Lernziel 'Emanzipation' in den Hessischen Rahmenrichtlinien und erklärte noch einmal, daß Kritikfähigkeit seines Erachtens in der Schule nicht gelehrt werden könne:

"Das Erziehende schließt in der Dimension der Macht ja das Kritische schon aus, weil es sich selbst zum Prozeß des Erziehens kritisch verhalten müßte."

Herr Kähler widersprach Herrn Baerenreiter aus der Sicht eines Lehrers und hielt entgegen, daß die Lehrer es durchaus als ihre Aufgabe ansehen, die Schüler zu Kritikfähigkeit zu erziehen.

Herr Aldejohann entgegnete Herrn Baerenreiter bezüglich der Richtlinien:

"Hier wird vielleicht die Bedeutung von curricularen Konzepten von Ihnen nicht richtig eingeschätzt. Entscheidend ist der Prozeß, wie wir in der Schule zu diesen curricularen Konzepten gelangen. Ich glaube, es kommt darauf an, möglichst viele an diesem Entwicklungsprozeß zu beteiligen. Aufgabe wäre es also, im Bereich der Informatik auf möglichst breiter Ebene die Lehrer in die Lehrplanüberarbeitung einzubinden. Wichtig ist für mich nicht so sehr das fertige Curriculum; das ist in dem Moment, in dem es veröffentlicht wird, eh schon wieder überholt. Entscheidend für die Akzeptanz und Realisierung eines Curriculums ist, daß möglichst viele Lehrer daran mitgewirkt haben und daß sie sensibilisiert wurden für verschiedene didaktische Auffassungen, die in diesem Bereich existieren. Erst dann kann jeder Lehrer seinen Weg verantwortungsbewußt im Rahmen curricularer Vorgaben auswählen."

Herr Meier ergänzte, daß die Curricula oft nur eine Bestandsermittlung dessen seien, was längst Usus sei:

"Die Curricula sind also nicht etwa geschrieben, um die gesamte Lehrerschaft auf ein neues Programm zu setzen, was sowieso nicht realisierbar ist, sondern um etwas zu fixieren, mitzuteilen und auszutauschen."

Zur Frage der Erziehung meinte er, daß die Schule nicht überfordert werden sollte, daß aber die Erziehung eines Schülers auch zu einem 'kritikfähigen Informatikkenner' möglich ist und Grundvoraussetzungen schaffen kann, indem dieser exemplarisch lernt, z.B. nicht auf Vorurteile hereinzufallen. Er schloß:

"... ich glaube, hier kann die Schule ein wenig tun, und wir sollten sie nicht ganz entlassen aus ihrer Verantwortung."

Gerd Paul

Der Computer in der Alltagswelt von "Computerkids"

Ich möchte Ihnen im folgenden ein paar Beobachtungen und erste Interpretationsergebnisse von Intensivinterviews mit Computerkids vorstellen, die wir im Projekt "Heranwachsende und Computer" des Verbundes "Sozialwissenschaftliche Technikforschung" gemacht haben.

Als Computerkids bezeichne ich diejenigen, - in der Regel männliche Schüler - die sich in ihrer Freizeit intensiv mit dem Computer beschäftigen und mit ihm programmieren. Wichtig ist, daß der Computer das zentrale Interessenobjekt der Freizeit ist, ob dies nun durch Dauer der Beschäftigung damit, wichtigstes Hobby oder andere Merkmale operational definiert wird, ist eine empirische Frage.

Zuerst ein Wort zum Alltag: Alltagstheorien haben in der Soziologie seit den siebziger Jahren einen Boom. Sie sind einerseits Reflex der Tatsache, daß die dürre Abstraktheit der großen Theorien, wie Systemtheorie oder Marxismus, zuwenig über das wirkliche Leben der Menschen, ihre Ideologien, Bedürfnisse, Träume und Wünsche aussagen können. Andererseits versprechen sie Aufklärung über das Verhalten der Subjekte in krisenhaften gesellschaftlichen Situationen. Wie läßt sich der Beharrungswunsch erklären, daß am liebsten - trotz Krisen und Umbrüchen im Alltag - alles so bleiben solle wie es ist? Der Alltag ist nicht mit der Freizeit gleichzusetzen - selbstverständlich gibt es auch einen betrieblichen Alltag. Im Alltag werden durch Routinen, durch nicht bewußte Handlungspläne Beziehungen, Gebräuche, Gewohnheiten, Praktiken und Denkweisen täglich reproduziert. Der Alltag hat immer etwas "Eigensinniges". Er umfaßt einerseits Dimensionen, die mit der kapitalistischen Entwicklung gleichzeitig verlaufen (Mythifikation, Entfremdung, Deprivation, Routinen etc.), andererseits auch Dimensionen, die sich durch Ungleichzeitigkeiten auszeichnen (das Sonntägliche, Freude, Heiterkeit,

Ruhe, das was man schon immer wußte und an dem man festhält). Letztere, die den Kern des Widerständigen, Eigensinnigen ausmachen, bedeuten für die kapitalistische Vereinnahmung unter Umständen eine Beschränkung. Sie repräsentieren nämlich für die Alltagssubjekte qualitative Aspekte des materiellen Lebens, die im "Zeichen der Gewohnheit" stehen.
Wir nehmen an, daß sich theoretisch eine Brücke zwischen Alltagstheorien und Alltagspraktiken der Computerkids durch die beiden Begriffe "Lebensstil" und "Habitus" schlagen läßt. Die Frage für uns ist, wie Computerkids den Computer und die Beschäftigung damit in ihren Lebensstil einbauen und ob dies zur Herausbildung eines technologischen Habitus beiträgt, wie wir ihn etwa von Technikern und Ingenieuren kennen?

Ich möchte jetzt auf 3 Fragen eingehen:

- Was ist das Faszinierende am Computer?

- Warum ist der Computer in den Erzählungen der Jugendlichen ein biographisches Datum?

- Welche Mythen und Emotionen begleiten den Prozeß der Veralltäglichung des Computers?

1. Das Faszinierende am Computer

Die Spiegelserie über die PC's dokumentiert den Prozeß der Veralltäglichung, der stets von den Medien besonders vorangetriebenen "selbstreflexiven" Debatte um die Neuen Medien. Die Faszination liegt in dem Reiz des Unbekannten, die vielseitige, geheimnisvolle Maschine zu entdecken, in dem Versprechen, blitzschnelle Lösungen der schwierigsten Probleme bereitzustellen, in der emotionalen Befriedigung darüber, etwas Kreatives, Eigenes erfolgreich programmiert zu haben usw. Dies ist alles sehr einsichtig, sagt aber noch sehr wenig darüber aus, was Menschen dazu bewegt, stundenlang konzentriert bei Fehlersuchen sich in der eigenen Programmwelt zu verlieren und nicht einfach aufzugeben,

zumal es selten um praktisches, zweckhaftes Handeln geht.
Die Lohnsteuererklärung kann man auch ohne Computer machen, das Notizbuch ist schneller aufgeschlagen als daß die im Computer gespeicherten Adressen abgerufen werden usw..
Hierzu zwei Erklärungen:
Der amerikanische Computerfachmann Grand Johnson vermutet, daß der Reiz des Computers weniger - wie Weizenbaum unterstellt - in dem liegt, was man mit ihm alles machen kann, sondern darin, was der Computer mit einem anstellt. In seiner Interpretation des "zwanghaften Programmierers" (Psyche 1980), der im Rausch der "Hypersymbolisierung" lebt, hebt er das völlige Vergessen triebhafter Bedürfnisse hervor. Der Reiz liegt in der Regression, dem autistischen Zustand des Realitätsrückzugs, die die narzistischen Ausflüge in die von Realitätsprüfungen und Selbstkritik gereinigten Programmwelten begleiten. Die Faszination erklärt sich aus der narzistischen Befriedigung, alles unter Kontrolle zu haben und der gleichzeitigen Angst vor dem Absturz.

Der ungarische Spieltheoretiker Csikszentmihalyi beschreibt in seinem Buch "Das flow Erlebnis" anhand von Schachspielern, Kletterern, Rocktänzern u.a. Situationen intensiver, intrinsisch motivierter Freude. Im Flow-Erlebnis, in einer kreativen, risikoreichen Situation geht der Beteiligte im Tun, in den Aktivitäten auf. In Flow-Aktivitäten kommt es zu einem Verlust des Selbst, zu einem Gefühl der Transzendenz und des Verschmelzens mit Objekt und Umwelt. Das Flow-Erlebnis, das etwa der Bergsteiger bei einem langen gefahrvollen Aufstieg verspürt, ist ein Erlebnis, das um des Zustandes selber willen erfolgt. Im "Flow-Zustand folgt Handlung auf Handlung und zwar nach einer inneren Logik, welche kein bewußtes Eingreifen von Seiten des Handelnden zu erfordern scheint. Er erlebt den Prozeß als ein einheitliches Fließen von einem Augenblick zum nächsten, wobei er Meister seines Handelns ist und kaum eine Trennung zwischen sich und der Umwelt, zwischen Stimulus und Reaktion, oder zwischen Vergangenheit, Gegenwart und Zukunft verspürt". (S.59)

Die erste der beiden Positionen interpretiert das Aufgehen in der zweckfreien Tätigkeit als Defizit, die andere als Chance, zu einer neuen Sicht von Arbeit und Freizeit zu kommen.

2. Der Computer als biographisches Datum

Wie kommt es, daß jugendliche Computerfans den Eintritt des Computers in ihr Leben zu einem biographischen Datum machen, an dem sie die Schilderung ihres Werdegangs vom Kind zum "erwachsenen" Experten in einzelnen "Bildungsstufen" festmachen? Die Anwort der meisten soziologischen Ansätze zum Thema verweist auf veränderte Sozialisationsbedingungen. Unsere Münchner Kollegen Leu und Beisenherz (1986) gehen von der These aus, daß der Sozialisationseffekt des Computers durch die Art und Weise bestimmt wird, wie der Computer in den familialen Alltag eingebettet ist und damit diejenigen Tendenzen verstärkt, die in der Familie ohnehin bestehen. Schurz und Pflüger (1987) vermuten, daß alleine der (auf technische Förderung ausgerichtete) Erziehungsstil ausschlaggebend sein dürfte für die "emotionale Affinität" von Jugendlichen und von Computerfreaks zu Rechenmaschinen. Gleichzeitig stellen sie als empirisches Ergebnis fest, daß die Rechnerbegeisterung bei den Befragten am stärksten ist, wo das Verhältnis zu den Eltern als indifferent gleich zu Vater und Mutter erlebt wird. Diesen Sachverhalt interpretieren sie als Ausdruck von Orientierungslosigkeit. Dieses Individuum ist im Zusammenhang mit den oben beschriebenen Veränderungen des Sozialisationsmilieus zu sehen, denn die Eltern selbst sind ja den Widersprüchen des Individualisierungsprozesses unterworfen. Ihr Lebenslauf ist geprägt von Moden, Verhältnissen, Konjunkturen und Märkten, und zur Sicherung ihrer Lebenslage bedarf es eines marktabhängigen und ichzentrierten Handlungsmodells (vgl. Beck 1986). Dies alles hat zur Folge, daß zwar in den Familien bestimmte Vorlieben für technische Geräte erzeugt werden können (Ingenieurfamilien, Familien von Naturwissenschaftlern), daß aber gleichzeitig davon ausgegangen werden muß, daß die den Sozialcharakter formende Kraft der Eltern (gesellschaftliche Normen, Werte, Orientierungen) stark abgenommen hat. Es entsteht eine Orientierungslücke für die Jugendlichen. Die staatlichen Erziehungsinstanzen, die diesen Verlust von Sicherheit im sozialen Handlungswissen, Glau-

ben, Normen und Werten ersetzen und damit Orientierungen für die soziale Einbindung geben sollen, sind einerseits angesichts fortschreitender Individualisierungs- und Standardisierungstendenzen dazu kaum noch in der Lage und können dies andererseits aus materiellen und professionellen Gründen auch gar nicht. (Der erhöhte Regelungsbedarf bzw. das Orientierungsvakuum von Erziehern im öffentlichen Bildungswesen zeigt sich an zunehmender Verrechtlichung.)
Überanpassungs- oder Aussteigermentalitäten in den neueren Jugendkulturen sind ein empirischer Beleg für die Schwierigkeit von Jugendlichen, sich im Zwielicht von Chancen und Risiken in der Gesellschaft zurechtzufinden. Unsere These ist, daß dem Kulturobjekt Computer an dieser Stelle eine eigentümliche Sozialisationsfunktion zukommt. Die Beschäftigung mit dem Computer verschafft eine Eintrittskarte in die Welt der Erwachsenen. Die Computertätigkeit ist gesellschaftlich hoch besetzt, und wie bei quasi jeder professionellen Tätigkeit sind die in den Informationsberufen Arbeitenden daran interessiert, ihre Tätigkeit als hochkomplizierte, spezialisierte Arbeit von Experten darzustellen, was letztlich die hohe Bezahlung rechtfertigt. Man erlangt also ein Doppelticket: Eins für das kognitive Erwachsenwerden und einen Zukunftsscheck für das spätere "Fünf-Sterne-Leben".

Die gesellschaftlichen Projektionen sind eine Seite des Sozialisationsprozesses. Die andere besteht darin, daß wie bei keinem anderen technischen Objekt am Computer adoleszensspezifische Probleme und Fragestellungen virtualisiert werden können. Sherry Turkle hat auf eine ganze Reihe von klassisch-adoleszenten Fragestellungen hingewiesen, die Jugendliche bei der Suche nach Identität an der Beschäftigung mit dem Computer sich selber stellen: Wer bin ich im Vergleich zur Maschine und was kann ich? Was ist die eigentliche Bestimmung des Menschen, wenn ihm die Maschine so viel abnimmt? Bin ich selber so programmiert wie eine Maschine? In den meisten von uns durchgeführten Interviews läßt sich die Turkle'sche Beobachtung, daß der Computer Projektionsfläche, Spiegel der eigenen Bemühungen um Identität sei, nachvollziehen.

3. Der Computer als Mythos

Wie kommt es dazu, daß Computerfans trotz zunehmender Sicht des Computers als "Arbeitsinstrument" weiterhin an seinem Mythos festhalten? Dies liegt m.E. am Mythos der Technik bzw. der Maschine. Jeder Mythos ist die Übertragung und Wiedergabe eines anderen. Im Computerfall handelt es sich um die Übertragung des "Mythos der Maschine" (Mumford), in dem sich der Mensch eine zweite Existenz gibt und sich als "Krone der Schöpfung" begreift. Der Prototyp der klassisch-mechanischen Maschine ist der Körper mit seinen beweglichen Gliedmaßen. Die Herausbildung des Mythos der Maschine wird begleitet von dem Versuch, über die Analyse der Körperfunktionen den Menschen verstehbar, beherrschbar und rekonstruierbar zu machen und ihn in der Maschine zu vervollkommnen. An die Stelle der klassischen Maschine, deren bewegliche mechanische Gliedmaßen "Arbeit" erzeugen, tritt die transklassische Maschine Computer, die "Informationen" bereitstellt. An die Stelle der in jedem Wekzeug enthaltenen Analogie zum menschlichen Arm tritt mit dem Computer die Analogie zum menschlichen Gehirn. Die Konstruktionsprinzipien der Denkmechanik sind in der mathematischen Logik gefunden worden, die Computer sind die maschinelle Realisation dieser Erkenntnisse. Was früher nur der "Wissenschaft" mit ihren riesigen Rechenanlagen vorbehalten war (oder einem klassischen Filmtopos zufolge begnadeten Individuen mit einem "Gehirn wie ein Computer") ist durch ständig leistungsfähigere Heimcomputer heute jedermann zugänglich. Die Regelhaftigkeit, Berechenbarkeit und Widerspruchsfreiheit der Computerwelt läßt die Illusion von der Beherrschbarkeit der Welt durch Beherrschen der Regeln aufkommen.

Zu den Mythen, die die Computerfans aus der Erwachsenenwelt übernehmen und transformieren gehört die symbolische Koppelung von Computer und Fortschritt. In hunderten von industriellen und alltäglichen Anwendungsbereichen, von der vollautomatisierten Fabrik bis zur computergesteuerten Benzinspritzpumpe des eigenen Automobils, gilt der Computereinsatz als Garant für die fortgeschrittenste Lösung eines Problems. In den verschiedenen Nomenklaturen wie "Computerzeitalter", dritte industrielle Revolution usw. wird der Computer (nicht der Mensch, die Industrie oder der Kapitalismus) zum geschichtlichen Movens, zum entscheidenden Träger gesellschaftlichen Fortschritts gemacht.

Wir haben bei den bisherigen Interviews mit Fans eine große Hochschätzung von Expertenwissen bemerken können. Der Experte ist die kulturelle Leitfigur dieser Szene. Fast alle Befragten zeigen eine gewisse thematische Selbstbescheidung auf ihr Computerwissen. Die übrige soziale Welt, die oft als undurchdringliches, irrationales Chaos beschrieben wird, wollen sie weder genau verstehen noch maßen sie sich an, sie zu erklären. Dies sei Sache anderer Experten wie Psychologen, Soziologen, Politiker usw.

Ein befragter jugendlicher Computerfan erklärt auf die Frage, was er denn noch außer dem Computer spannend fände: "Probleme zu lösen". In weiteren Nachfragen wird deutlich, daß er sich auch in Alltagsdingen Gedanken darüber macht, wie man ein komplexes Problem reduzieren kann und ähnlich wie beim Fehlerdebugging einzelne Lösungsschritte durchdenken muß. Diese "ingenieurartige" Herangehensweise hat Implikationen, die sich in "reiner" Form etwa in folgender Argumentation wiederfinden lassen: "Probleme der sozialen Welt sind mit (System) technischen Maßstäben analysierbar und grundsätzlich lösbar. Die Problemlösungskapazität hängt von der Menge der verfügbaren Informationen ab, die, mit Sachverstand geordnet, die für die jeweiligen Zwecke günstigste Lösung nahelegen. Der Computer ist dabei ein Hilfsmittel und genau so wenig gut oder böse wie ein Brotmesser, mit dem man Brot schneiden oder jemand umbringen kann." Diese Elemente der klassisch ingenieurmäßigen Weltsicht: Sachzwanglogik, instrumentelle Problemlösung, Anerkennung der gesellschaftlichen Arbeitsteilung, Vertechnisierung der sozialen Welt usw. finden sich in so konzentrierter Form in keinem Interview. Sie blitzen in einzelnen Passagen aber immer wieder auf und legen nahe, daß die Computerfans die technisch-wissenschaftliche Weltsicht zu ihrer eigenen machen.

4. Die Abwehr von Beziehungen und Sexualität

Wenn in den Interviews männliche Jugendliche uns von ihren Kontakten von den "anderen" aus der Computerszene berichten, so bleiben diese als Personen merkwürdig blutleer und abstrakt. Anerkennung und die Erfahrung von Selbstwert scheint nur in permanenter Konkurrenz um Leistungen in der Szene möglich zu sein. Ein potentieller Konkurrent, mit dem man (Programm) Tauschbeziehungen aufrechterhält, ist kein richtiger Freund.
Es scheint so, als ob diese Beziehungen einem einfachen "Programm" folgen: man verabredet sich oder kommt vorbei, tauscht Tips und Programme aus und geht wieder, wobei der Computer alleiniger "sachlicher" Gesprächsgegenstand und Besuchszweck ist.

Mädchen, denen die Fähigkeit zu wirklich guten Programmierleistungen generell abgesprochen wird, spielen in der Computerszene überhaupt keine und in der individuellen Freizeitwelt eine sehr geringe Rolle.
Es besteht der Eindruck, daß der Ausschluß von Mädchen eine der Konstitutionsbedingungen der "Brüderhorde" der Computerfans ist.

Es liegt auf der Hand, daß "sachliche Beziehungen" und die Ferne zu Mädchen etwas mit der Abwehr von Emotionalität und der Vermeidung von Gefahren und Untiefen einer persönlichen Beziehung zu tun haben. Nahe liegt auch, daß das zentrale Thema des identitätssuchenden, pubertierenden Jugendlichen die Sexualität ist, die mit Hilfe des Computers weggedrängt wird.

Unbestreitbar ist, daß sexuelle Tagträume, Fantasien, Erfahrungen große Teile des jugendlichen Alltags okkupieren. Ich bezweifle, ob die durch den Computer vermittelten Gefühle längerfristig die Gefühlsqualitäten einer lebendigen Beziehung substituieren können.

Diskussion:

Herr Tüllmann griff auf den Beginn der Ausführungen zurück und kritisierte die Feststellung, die Faszination des Computers sei Allgemeingut, der Computer löse schnell und bequem Probleme:

"... Da wäre ich Ihnen dankbar, wenn Sie mir Probleme nennen könnten, die der Jugendliche hat, die der Computer schnell und bequem löst."

Er wies darauf hin, daß die üblicherweise mit dem Computer durchgeführte Arbeit, wie Karteikasten, Plattenladen, tatsächlich z.B. mit einem Telefonkarteikasten viel schneller zu lösen sei als mit einem Computer.

"Insofern frage ich, wo sind da die Probleme, die auch wirkliche Probleme sind, die ich nicht über ein Softwarepaket kriege und dann sage, das ist mein Problem, und das löse ich jetzt damit."

Herr Paul stellte klar, daß dieses gesellschaftliche Vorstellungen seien, die zum Mythos des Computers beitrügen und daß sie inzwischen so verallgemeinert seien, daß sie z.B. in den Medien überall zu lesen seien.

Zur Diskrepanz zwischen gängigen Vorstellungen und tatsächlicher Praxis sagte es:

"Ich habe versucht, mit diesem 'Flow-Erlebnis' darauf hinzuweisen, daß das Wesentliche das Tun ist und der Zweck völlig egal ist. Die intensive, von der Außenwelt abgeschottete Beschäftigung ist Erlebnisqualität an sich, und die Ergebnisse sind völlig egal."

Allerdings würden die Vorstellungen der Jugendlichen beflügelt von der Aufstiegssaga, von dem Traum, ein Spiel zu verkaufen und Millionär zu werden, so daß ein Großteil der Beschäftigung darin besteht, Spiele zu entwerfen bzw. vorhandene Spiele zu optimieren.

Ein Diskussionsteilnehmer fragte nach dem Erklärungswert des 'Flow', den er als rein phänomenologische Beschreibung einer offenkundigen Beobachtung bezeichnete.

Er stimmte nicht überein mit der von Herrn Paul festgestellten

Emotionslosigkeit bzw. dem Abwehren von Sexualität.

Herr Paul wies auf den frühen Stand seiner Untersuchung hin, der jedoch bereits Hinweise auf Strömungen im Alltag jugendlicher 'Computer-Fans' gebe.

"Eine der Strömungen ist der Umgang mit Sexualität, und ich denke, es ist nicht zufällig, daß die Jugendlichen, die wir interviewt haben, keine Freundin hatten. Da ist meine naheliegende Schlußfolgerung: der Computer eignet sich auch sehr gut zum Abwehren von Sexualität."

Er verwies auf die Literatur.

Den Erklärungswert des 'Flow-Erlebnisses' sah er insbesondere darin, die für Außenstehende zwecklos und frustierend erscheinende Beschäftigung mit dem Computer begreiflich zu machen.

Ein Diskussionsteilnehmer zog Analogien zu anderen Beschäftigungen etwa zu Schachspielern.

Herr Baerenreiter sah in der intensiven Beschäftigung ein möglicherweise fremdes soziales Verhalten. Dieses werde von Czikszentmihalyi als 'Flow' bezeichnet. Er untersuche Tätigkeiten, die keiner erkennbaren äußeren Zielsetzung unterliegen.

"... Das ist doch die Idee, daß der Sinn nur von innen kommen kann und nicht von außen gegeben ist. Es gibt keinen äußeren Zweck, aus dem heraus der Sinn erkennbar ist."

Er führte aus, daß für Jugendliche die intensive Beschäftigung mit dem Computer in der Freizeit nicht primär extrensisch, über Belohnungsstrukturen, motiviert sei und schloß:

"Wenn es das nicht ist von außen, was ist dann von innen? Und das einzige Konzept, was es da bisher gibt, ist eines, das aus der Spieleforschung stammt. (...) Die Grundidee ist ein Austritt aus dem Alltag, ein Raus aus dem Alltäglichen, nicht ein Wegtauchen im Sinne eines Defizits, sondern eines Übergangs in eine Sinnwelt, in der andere Strukturen und andere Bedingungen herrschen."

Herr Morsbach regte an, von der Frage auszugehen, was Jugendliche in dem Alter zwischen 12 und 15 Jahren Sinn, Wert und Herausgehobenheit gibt. Er führte aus:

"Hier bietet sich ein Medium an, indem der Jugendliche zum ersten Mal - beim Computer auf geistiger Ebene, im Sportverein auf körperlicher Ebene - in eine Entwicklung sich hineinbegibt, wo er von vorneherein selbst Schöpfer ist und nicht etwa Produkt einer Entwicklung, bei der er nie die Übersicht gehabt hat, wo der Anfang und wo das Ende ist. Während er hier den Anfang sieht, die Entwichlung an sich selbst festmacht und zu seinem persönlichen Verdienst rechnen kann."

Ein Diskussionsteilnehmer zweifelte die These von der 'Angst vorm Absturz' an, die er in seiner Praxis als Informatiklehrer bei Schülern nicht festgestellt hätte.

Herr Paul verwies auf die Literatur und mögliche eigene Projektionen. Er führte weiter aus:

"Das Bild ist eine Metapher, die 'Angst vorm Absturz', die ja eigentlich so einen Kontrollverlust meint. Ich denke, das hat sehr viel mit Adoleszenz zu tun: der Körper macht ungewohnte Veränderungen durch, ist nicht mehr kontrollierbar, die Stimmungen sind nicht kontrollierbar. Insofern würde ich dieses Bild umdefinieren als einen latenten Kontrollverlust."

Auf Nachfrage von Herrn Dr. Sander führte Herr Morsbach weiter aus, daß besonders die guten Schüler sehr stolz sind auf einen Bereich, wo sie selbst etwas geschaffen haben, und er betonte, daß diese Schüler durchaus nicht 'krank' seien.

Herr Schoch-Bösken wies auf die Notwendigkeit der Abgrenzung von 'Computerfreaks' hin, da sonst nicht klar sei, über welche Gruppe gesprochen werde: diejenigen, die über 10 Stunden in der Woche am Computer arbeiten und für die die Beschäftigung mit dem Computer Selbstzweck sei, oder alle diejenigen, die den Informatik-Unterricht wählten aus verschiedenen Gründen, z.B. der Erwartung besserer beruflicher Chancen.

Herr Paul sah die Frage der Abgrenzung als empirisch-praktische Frage an, die im weiteren Untersuchungsablauf möglicherweise

durchgeführt werden könnte. Zum augenblicklichen Forschungszeitpunkt ging es ihm vornehmlich um Sinnbezüge, die aus den bisherigen Interviews mit den Jugendlichen deutlich würden. Auf die Befragten träfen mögliche Kriterien eines 'Computer-Fans' in hohem Maße zu.
Hinsichtlich des Punktes 'Erwartung besserer beruflicher Chancen' führte er aus:

"Ich kann an fast allen Interviews bestätigen, daß das Interesse an der Beschäftigung mit dem Computer verkoppelt wird mit der Vorstellung, die Zukunft persönlich zu gestalten und in die Hand zu nehmen. Das ist ein offenes Konzept."

Herr Baerenreiter stimmte ebenfalls zu, daß zur Erklärung verschiedene Muster herangezogen werden können, wobei 'Flow' ein mögliches sei, die Orientierung 'berufliche Zukunft' ein anderes, die Orientierung 'gesellschaftliche Zukunft' ein drittes und es darüberhinaus eine begrenzte Anzahl weiterer möglicher Muster gäbe.
Die untersuchte Gruppe müsse möglichst lange offen gehalten werden, um verschiedene Sinnmuster identifizieren zu können, die bei einer frühen Abgrenzung wegfallen würden.
Zu diesem Punkt wurde ihm aus der Diskussionsrunde widersprochen.

Herr Zeppenfeld berichtete von zwei Erfahrungen, die er im konkreten Umgang mit Jugendlichen gemacht hat.
Hinsichtlich der Stellung der Jugendlichen zur Erwachsenenwelt beobachtete er, daß die Schüler durch Kenntnisse auf dem Gebiet der Informatik einen Wissensvorsprung gegenüber Gleichaltrigen und Erwachsenen anstrebten, um sich damit hervortun zu können. Er fuhr fort:

"... verbunden ist damit die Frage: Ist das in 10 bis 15 Jahren auch noch so? Ich habe es also auch im Unterricht gesehen oder auch außerhalb des Unterrichts, daß das bei den Schülern sofort zusammenbricht, sobald sie auf jemanden treffen, der offensichtlich mehr kann, mehr weiß als sie."

Als zweiten wesentlichen Punkt nannte er 'irrationales Suchtverhalten':

"Das ist einfach völlig irrationales Suchtverhalten, was da zu

ergründen wäre, das reicht vom Sammeltrieb der Disketten bis zum stundenlangen Hocken vor dem Rechner, ohne Sinn und Zweck..."
Er fragte nach Untersuchungen in diesem Gebiet.

Herr Paul hielt die Hinzuziehung der Forschung über 'workalcoholics', Menschen, die nicht ohne Arbeit sein können, für denkbar.
Zur Suchtforschung führte er aus:

"Gerade bei der Suchtforschung, denke ich, einer der interessanteren Ansätze also, auch diese psychischen Defizite, die wir produzieren, ist der Gedanke zentral, daß die Sucht - ja, auch die Heroinszene ist durchaus strukturell mit einigen Bereiche der Computerszene vergleichbar - daß das eine soziale Angelegenheit ist und daß man das nicht umsonst macht, sondern gerade auch in dieser Konkurrenz, die ich vorhin ein bißchen beschrieben habe, in dieser Szene, wer da der 'Crack' ist, wer dann bei seinem geknackten Spiel da drauf schreiben kann, 'cracked by' was weiß' ich, wie die alles heißen. Ich meine, daß das ja eigentlich auch ein Spiel um soziale Anerkennung ist, um Aufgehobensein innerhalb einer bestimmten durch sozusagen verschwiegene Regeln zusammengehaltenen Szene. Nicht umsonst sagt man ja 'die Computer-Szene' oder 'die Heroinszene'. Und dieser soziale Zusammenhang wäre eine interessante Erklärung."

Herr Lommel warf die Frage auf, ob es wirklich ein spezielles 'Computerkids-Problem' gibt.
Zum einen habe es auch früher bei Heranwachsenden dieser Altersstufe ein gewisses Suchtverhalten gegeben (z.B. Eisenbahn und Fischer-Baukästen), zum anderen sei die Sammelleidenschaft damals wie heute auch unter Erwachsenen verbreitet.

Herr Paul stellte fest, daß die Frage nach der Existenz eines 'Kid-Problem' aus der Forschung bisher nicht zu beantworten sei und fuhr fort:

"Ich vermute, daß es insofern ein besonderes 'Kid-Problem' ist, als der Zusammenhang zwischen Computeridentität und persönlicher oder sexueller Identität sehr nahe liegt."

Ein Diskussionsteilnehmer problematisierte, daß die Computerkids überhaupt einen Forschungsgegenstand darstellen und übte Kritik an der Einordnung der Computerkids als Süchtige. Er führte aus:

"Weshalb rückt man in seiner Interpretation des Tuns solcher Kinder sie in die Nähe von Süchtigen? Hat man, jetzt auf die Schulfächer bezogen, eigentlich jemals was von Englischsüchtigen oder Deutschsüchtigen oder was-weiß-ich-süchtigen gehört? Bezeichnet man nicht vielmehr ein solches Verhalten, das sicherlich auch ein Suchtverhalten sein könnte, als einen besonderen Fleiß?
Jetzt noch einmal, um es auf den Punkt zu bringen: Wer macht den besonderen Fleiß dieser Kinder eigentlich zu einer Sucht?"

Herr Zeppenfeld ging auf seine Erfahrungen mit Schülern ein und sah suchtähnliches Verhalten dort gegeben,

"... wo ganz eindeutig bei Schülern zu beobachten ist, daß durch diese einseitige Tätigkeit - das muß jetzt nicht Computerei sein - ein Nachlassen der meisten oder fast aller anderen schulischen Leistungen zu beobachten ist, bis hin in den häuslichen Bereich."

Reinhard Aldejohann

Übersicht über Lehrerfortbildungsmaßnahmen im Bereich der Informations- und Kommunikationstechnologien im Land Nordrhein-Westfalen.

Die Darstellung erfolgt in zwei Teilen:
Im ersten Teil werden Inhalte und Ziele, Umfang, Organisation und bisherige Erfahrungen der laufenden Maßnahmen dargestellt.
Im zweiten Teil wird über die Vorbereitung der Lehrerfortbildungsmaßnahme "Informations- und kommunikationstechnologische Grundbildung in der Sekundarstufe I" berichtet. Dieses Programm soll in den Regionen im Schuljahr 1987/88 beginnen.

Teil 1

Unter dem landesweiten Schwerpunkt "Neue Informations- und Kommunikationstechnologien" werden derzeit folgende Lehrerfortbildungsmaßnahmen durchgeführt:

1 Informationstechnologische Inhalte im Wahlpflichtbereich der Sekundarstufe 1 (Klassen 9 und 10)

2 Informations- und Kommunikationstechnologien an Sonderschulen

3 Informatik in der gymnasialen Oberstufe

4 Neue Technologien in berufsbildenden Schulen und Kollegschulen
- Berufsfeld Wirtschaft und Verwaltung
- Wirtschaftsinformatik 1,2 und 3
- Textverarbeitung, Textautomation

5 Neue Technologien in berufsbildenden Schulen und Kollegschulen
- Berufsfeldbezogene Technologien und berufsspezifische Anwendung und Auswirkungen in technischen und naturwissenschaftlichen Berufsfeldern
- Grundlagenkurse

- Berufsfeldspezifische Aufbaukurse: Metall- und Elektrotechnik
  > in Vorbereitung sind: KFZ-Technik, Versorgungstechnik, Drucktechnik, Bautechnik, Ernährung und Hauswirtschaft

Die Maßnahmen 1, 3, und 4 begannen im Schuljahr 1985/86, die Maßnahmen 2 und 5 im Schuljahr 1986/87.

Die Fortbildung wurde von eigens zu diesem Zweck eingerichteten Arbeitsgruppen inhaltlich und methodisch-didaktisch vorbereitet. Darüberhinaus entwickelten diese Gruppen Materialien für die Teilnehmerinnen und Teilnehmer der Fortbildungsmaßnahme unter besonderer Berücksichtigung der spezifischen Bedingungen der jeweiligen Schulform und den Anforderungen der Teilnehmerinnen und Teilnehmer.
Im Unterschied zu vielen anderen Lehrerfortbildungsmaßnahmen standen wir im Bereich der "Neuen Technologien" vor neuartigen Bedingungen:

Das Feld ist weitgehend erfahrungsfrei in Schule/Unterricht und Fortbildung. Die "Neuen Technologien" waren nur stellenweise und dort meist auf Initiative einzelner Lehrerinnen und Lehrer im Unterricht aufgegriffen worden. In vielen Fällen fehlen curriculare Vorentwicklungen und insbesondere langjährige Unterrichtserfahrungen. Nur sehr wenige Lehrerinnen und Lehrer haben überhaupt eine Vorbereitung in der ersten Phase ihrer Ausbildung erhalten.

Die materiellen Voraussetzungen (Hardware- und Softwareausstattung) an den Schulen waren für eine breite Einführung der "Neuen Technologien" völlig unzureichend und insgesamt sehr heterogen in bezug auf Leistungsfähigkeit und Kompatibilität der Ausstattungen. Für die Fortbildung im Schwerpunkt "Neue Technologien" stellten sich damit schwierige Aufgaben im Hinblick auf Bereitstellung von Hard- und Softwareausstattung für die Arbeitsgruppenmitglieder und die Fortbildungsgruppen in den jeweiligen Stützpunktschulen. In enger Zusammenarbeit zwischen dem Land und den Schulträgern konnten unter hohen finanziellen Aufwendungen die materiellen Voraussetzungen für die Lehrerfortbildung weitgehend erfüllt werden.

Das allgemeine Verfahren der Vorbereitung und Durchführung landesweiter Schwerpunktmaßnahmen kann folgendermaßen skizziert werden:

Planungsauftrag des Kultusministers an das Landesinstitut zur Vorbereitung u. Entwicklung einer Lehrerfortbildungsmaßnahme

Beratung der Konzeption der Maßnahme im Kooperationsverbund der Lehrerfortbildung (Dezernate 45 der Regierungspräsidenten, Abt. Lehrerfortbildung des LSW, Kultusministerium)

Erlaß des Kultusministeriums, der die Lehrerfortbildungsmaßnahme einleitet. Dabei werden Ziele, Inhalte, Adressaten, Umfang und Organisation beschrieben.

Einrichtung einer **Arbeitsgruppe beim Landesinstitut** unter Leitung des zuständigen Referenten im Institut. Die Gruppe setzt sich zusammen aus sachkundigen Lehrerinnen und Lehrern, die von der Schulaufsicht benannt werden. Diese Arbeitsgruppe bereitet im einzelnen die Fortbildung vor und entwickelt die notwendigen Materialien.

Ernennung von **Moderatorinnen und Moderatoren**, die an ausgewählten Stützpunktschulen in den Regionen die Fortbildung in der Verantwortung des zuständigen Regierungspräsidenten durchführen. Aus den Arbeitsgruppen gehen auch die meisten Moderatorinnen und Moderatoren für den ersten Kurs hervor.

In jeder **Fortbildungsgruppe** arbeiten etwa **20 Teilnehmerinnen und Teilnehmer** zusammen. Hierbei werden sie bei allen Maßnahmen im Bereich der "Neuen Technologien" von einem Moderatorenteam aus zwei Moderatorinnen/Moderatoren betreut.

Während der Fortbildung kommen die Moderatorinnen und Moderatoren zum **Erfahrungsaustausch** zusammen. In allen Maßnahmen "Neuen Technolgien" werden zudem von den Arbeitsgruppen die

Materialien weiterentwickelt und überarbeitet.

Ergebnisse und Effizienz der einzelnen Maßnahmen werden in Evaluationsverfahren ermittelt, kritisch ausgewertet und in die Weiterentwicklung einbezogen.

Nachfolgend werden die einzelnen Maßnahmen vorgestellt. Über Ziele und Inhalte der Maßnahmen in den berufsbildenden Schulen wird gesondert berichtet.

ad 1: Informationstechnologische Inhalte im Wahlpflichtunterricht der Klassen 9/10 an der Haupt-, Real- und Gesamtschule (die Angebote stehen auch für Lehrerinnen und Lehrer an Abendrealschulen offen.)

Der Fortbildungskurs für die einzelnen Teilnehmerin/ den einzelnen Teilnehmer dauert ein Jahr. Die Veranstaltungen finden an einem festgelegten Wochentag statt. Der Kurs umfaßt insgesamt 320 Stunden an 40 Fortbildungstagen.

Derzeit arbeiten an 28 Stützpunktschulen im Lande 28 Fortbildungsgruppen.

Inhalte:

Lösen von Problemen mit algorithmischen Methoden auch unter Nutzung von Programmiersprachen

Rechneraufbau und Rechnernutzung zur Steuerung und Regelung von technischen Prozessen

Lösen von komplexen Anwendungsproblemen - Spannungsfelder der Informations- und Kommunikationstechnologien

Nutzung von Informations- und Kommunikationstechnologien für Simulation und Lernen

Die Maßnahme wird von den Lehrerinnen und Lehrern sehr stark nachgefragt. Während im ersten und derzeit laufenden zweiten Kurs vorwiegend Lehrerinnen und Lehrer mit mathematisch-naturwissenschaftlichen Fächern teilnahmen, sollen künftig verstärkt auch interessierte Kolleginnen und Kollegen mit anderen Unterrichtsfächern an der Fortbildung teilnehmen. Aufgrund der Erfahrungen im ersten Durchgang konnten die Materialien verbessert und die didaktischen Aspekte mehr in den Mittelpunkt der Fortbildung gerückt werden.

Die Arbeitsgruppe arbeitet derzeit besonders an der Bereitstellung der in der Fortbildungsmaßnahme entwickelten Software für die häufigsten unterschiedlichsten Computersysteme an den Schulen. Dieser Prozeß ist sehr zeitaufwendig und arbeitsintensiv.

ad 2: Informations- und Kommunikationstechnologien an Sonderschulen

Diese Fortbildung wendet sich an Lehrerinnen und Lehrer aus den verschiedenen Sonderschultypen und weist damit eine enorme Heterogenität der Adressaten aus. Die Inhalte sind grundsätzlich die gleichen wie die der Maßnahme 1, jedoch unter besonderer Berücksichtigung der Belange der Sonderschule.

Der Kurs (Grundkurs) dauert für die einzelne Teilnehmerin/ den einzelnen Teilnehmer ein halbes Jahr mit einem wöchentlichen Fortbildungstag. Er umfaßt damit 160 Stunden.

Es arbeiten derzeit 7 Fortbildungsgruppen an folgenden Orten: Aachen, Köln, Duisburg, Dortmund (2), Münster und Bielefeld.

Es ist geplant, im Schuljahr 1987/88 einen Aufbaukurs einzurichten, der auf den Grundkurs aufbauen wird und ebenfalls ein halbes Jahr dauert.

ad 3: Informatikunterricht der Klassen 9/10 am Gymnasium und in der gymnasialen Oberstufe /Die Aufbausequenzen für die gymnasiale Oberstufe stehen auch für Lehrerinnen und Lehrer in studienqualifizierenden Studiengängen an Kollegschulen sowie für Lehrerinnen und Lehrer an Abendgymnasien oder Kollegs offen.)

Die Maßnahme bezieht sich z. Z. ausschließlich auf die Informatik Grundkurse in der gymnasialen Oberstufe.

Der Kurs dauert zwei Jahre. Es finden 4 halbjährliche Kompaktkurse statt, die jeweils 80 Stunden umfassen. Derzeit arbeiten insgesamt 24 Fortbildungsgruppen . Für einen Teil dieser Gruppen begann die Fortbildung zu Beginn dieses Schuljahres.

Vor Beginn dieser Fortbildungsmaßnahme lagen bereits Richtlinien für die Grundkurse im Fach Informatik in der gymnasialen Oberstufe vor. sie waren und sind Grundlage dieser Lehrerfortbildung. Die meisten Mitglieder der Arbeitsgruppe konnten im Fach Informatik auf Unterrichtserfahrungen zurückgreifen und diese in die Lehrerfortbildung eintragen. So zeigte sich, daß Arbeit in dieser Fortbildung lange Praxisphasen erfordert, in denen die Teilnehmerinnen und Teilnehmer zu Hause intensiv auch am Rechner arbeiten können. Aus diesem Grunde wurde der Kurs auf vier Kompaktkurse innerhalb von zwei Jahren verteilt.

Die Inhalte orientieren sich an den geltenden Richtlinien. Sie greifen sie auf und entwickeln sie weiter. Es wurden vier Aufbausequenzen entwickelt:

Aufbausequenz 1: Algorithmik

Aufbausequenz 2: Datenstrukturen

Aufbausequenz 3: Hard- und Softwaresysteme

Aufbausequenz 4: Realisierung, Probleme und Auswirkungen der praktischen Datenverarbeitung

Vorgesehen ist noch eine Einführungssequenz für den Wahlpflichtunterricht in den Klassen 9/10. Hierzu sollen jedoch zunächst die Ergebnisse des laufenden Schulversuchs abgewartet werden.

<u>**ad 4:**</u> Neue Technologien in berufsbildenden Schulen und Kollegschulen - Berufsfeld Wirtschaft und Verwaltung

Im Unterschied zu den allgemeinbildenden Schulen stellt sich die Aufgabe der Lehrerfortbildung im Bereich der "Neuen Technologien" für die berufsbildenden Schulen sehr viel dringender. Der Bedarf ist sehr groß und entsprechend hoch ist auch die Nachfrage aus den Schulen.

Die Fortbildung in diesem Bereich ist modular aufgebaut:

Wirtschaftsinformatik 1 mit 8 Fortbildungstagen

Wirtschaftsinformatik 2 mit 12 Fortbildungstagen, differenziert nach
- Branchenlösungen (Anwendungen/Fächer)
- Anwendungssoftware / Tools

Wirtschaftsinformatik 3 mit 20 Fortbildungstagen für Lehrerinnen und Lehrer in Organisationslehre/Datenverarbeitung

An 15 Stützpunktschulen arbeiten die Fortbildungsgruppen in den Regionen. Neben anderen Aspekten haben auch hier die Schulausstattung und die Bereitschaft des Schulträgers, den Computerraum für Fortbildungsveranstaltungen zur Verfügung zu stellen, eine wesentliche Rolle gespielt.

Die erforderliche Software für die Arbeit an den Stützpunktschulen wurde aus Mitteln der Lehrerfortbildung angeschafft.

Die schriftlichen Materialien wurden als Lehrbriefsystem entwickelt und werden nach den Erfahrungen aus der Lehrerfortbildung weiterentwickelt. Für das Schuljahr 1987/88 wird eine dritte Auflage vorbereitet.

<u>**ad 5:**</u> Neue Technologien in berufsbildenden Schulen und Kollegschulen - Berufsfeldbezogene Technologien und berufsspezifische Anwendung und Auswirkungen in technischen und naturwissenschaft-

lichen Berufsfeldern

Unter Berücksichtigung der verschiedenen Berufsfelder gliedert sich die Fortbildung in diesem Bereich in einen Grundkurs (20 Fortbildungstage, ein halbes Schuljahr) und in berufsfeldspezifische Aufbaukurse (ebenfalls 20 Tage, einem Schulhalbjahr).

Die Maßnahme begann im Schuljahr 1986/87. Derzeit arbeiten an den Stützpunktschulen im Lande 6 Gruppen im Bereich Elektrotechnik (Mikroprozessortechnik - Hard- und Software) und 9 im Bereich Metalltechnik (CNC-Technik). Unter diesen Gruppen arbeitet im Regierungsbezirk Detmold eine Gruppe im Bereich Holztechnik (CNC-Technik), die die Inhalte des Kurses Metalltechnik auf Holzverarbeitungsmaschinen hin modifiziert.

Teil 2

Informations- und kommunikationstechnologische Grundbildung in der Sekundarstufe I

Im Hinblick auf die Einführung einer informations- und kommunikationstechnologischen Grundbildung für alle Schülerinnen und Schüler der Sekundarstufe I müssen Lehrerinnen und Lehrer auf diese Aufgaben über den Weg der Lehrerfortbildung vorbereitet werden. Eine didaktische und inhaltliche Basis dieser Grundbildung wurde im BLK-Modellversuch "Informations- und kommunikationstechnologische Grundbildung in der Sekundarstufe I" entwickelt. Hieran knüpft die geplante Lehrerfortbildungsmaßnahme an. Sie wird im Schuljahr 1987/88 beginnen und wendet sich an Lehrerinnen und Lehrer der Sekundarstufe I, zunächst insbesondere an solche mit naturwissenschaftlichen und gesellschaftswissenschaftlichen Fächern sowie den Fächern Mathematik, Deutsch und Sport.
An 12 Fortbildungstagen innerhalb eines Schulhalbjahres sollen die Teilnehmerinnen und Teilnehmer anhand von beispielhaft entwickelten fächerübergreifenden Unterrichtseinheiten eine benutzerorientierte Konzeption kennenlernen. Dabei werden technische, ökonomische, soziale und individuelle Aspekte sowie die

sich daraus möglicherweise entwickelnden politischen Folgen und ihre Bedeutung für Schule und Erziehung thematisiert.

Die Inhalte orientieren sich an verschiedenen Nutzungsbereichen der neuen Technologien, wie z.B. Prozeßdatenverarbeitung, Anwendersysteme (Textverarbeitungs-, Datenverwaltungs- oder Kalkulationssysteme) und Simulations-, Lern- und Expertensysteme.

Es ist beabsichtigt, bis 1992 jährlich etwa 2000 Lehrerinnen und Lehrer über diese Fortbildung auf die informations- und kommunikationstechnologische Grundbildung vorzubereiten.

Die Arbeitsgruppe zur Vorbereitung dieser Maßnahme hat ihre Tätigkeit aufgenommen.

Alle laufenden Fortbildungsmaßnahmen müssen noch einige Jahre fortgeführt werden, da der Fortbildungsbedarf groß ist und noch zahlreiche interessierte Lehrerinnen und Lehrer nicht berücksichtigt werden konnten.

Die Beteiligung von Lehrerinnen an den Fortbildungsmaßnahmen im Bereich der "Neuen Technologien" ist noch gering. Hier bildet sich etwas ab, was in der Schule in ähnlicher Weise zu beobachten ist: die deutlich geringere Repräsentanz von Schülerinnen z.B. in den Informatikkursen der Klassen 9 und 10 oder der gymnasialen Oberstufe. Bislang gelang es in der Schule nur stellenweise, mehr Schülerinnen zu gewinnen. Auch in der Lehrerfortbildung ist dieses Problem nicht gelöst.

Entsprechend den Ausführungen des Rahmenkomzepts der neuen Technologien sollen in allen Maßnahmen die Chancen und Risiken der "Neuen Technologien" thematisiert werden. Es ist dies ein ständiger Aufruf zu intensiver Auseinandersetzung.

Diskussion

Im Anschluß an den Vortrag von Herrn Aldejohann ergänzte Herr Reuter (maßgeblich tätig in der Lehrerfortbildung Informatik beim Regierungspräsidenten Münster) inhaltliche Schwerpunkte und Entwicklungen in der Lehrerfortbildung.

"Die Fortbildung selbst, bzw. die Leute, die da mitarbeiten, sind natürlich nicht in der Lage, Dinge festzuschreiben, die hinterher in den Richtlinien oder über die Richtlinien verpflichtend werden. Man muß zwei Dinge unterscheiden.
Erstens, natürlich wird man, wenn man Realist ist, sehen, daß in der Fortbildung, oder in der Erarbeitung der Materialien und Konzepte, die man vorfindet, eine ganze Menge Vorarbeit geleistet worden ist, so daß dies, wenn die Richtlinien eventuell überarbeitet werden, aufgegriffen werden könnte. Die Fortbildung selbst wird aber sicher nicht den Stellenwert haben, daß man sagen kann, sie stelle automatisch ein neues Rezept für die Richtlinien dar.

Die Diskussion in der Fortbildung ist im Moment so, daß man gar nicht so genau weiß, woraus die Inhalte für den Informatikunterricht in der Sekundarstufe II bestehen. Davon abhängig gibt es auch keine Methodik oder Didaktik für den Informatikunterricht überhaupt.
Es muß ein Konsens darüber gefunden werden, welche Themen in die Sekundarstufe II bzw. ihren Grundkursbereich gehören. Und dabei sind die Lernziele der Grundkurse in der Oberstufe im wesentlichen zu beachten. Das wird sicherlich ein eher wissenschaftsorientierter Ansatz sein, der die Ziele nicht so sehr an den Bedürfnissen der Schüler ausrichtet, sondern eher Informatik als Oberstufenfach etablieren wird.
Die zweite Sache ist die, daß man diese Inhalte, über die zur Zeit schon ein gewisser Konsens besteht, festsetzt und an ihnen versucht eine Methodik oder Didaktik aufzubauen.
Man versucht zur Zeit Konzepte zu entwickeln, die von dem reinen Programmierkurs in der Oberstufe abgehen, wo zur Zeit z.B. Pascal oder eine andere Programmiersprache gelehrt wird. Ein Beispiel wäre der Algorithmus-Begriff, der von Anfang an in den Richtlinien eine zentrale Position eingenommen hat. Hier ist man jetzt bemüht, ihn nicht nur an der Programmiersprache Pascal auszuma-

chen, sondern es wird versucht, Umgebungen zu schaffen, an denen man den Algorithmus-Begriff besser herausarbeiten kann.
Eine andere Sache ist die, daß man ein Halbjahr vorgesehen hat, in dem die Maschine selbst bzw. Aufbau und Arbeitsweise der Datenverarbeitungsanlagen besprochen wird.
In der Gründerzeit war das halt so ein Hardware-Kurs. Die ersten 'Freaks' haben in diesem Halbjahr dann gelötet, und die Entwicklung ist gerade in diesem Halbjahr weitergegangen, so daß man heute überlegt, ob es nicht besser ist, die Prinzipien, nach denen Rechner arbeiten, mehr in den Vordergrund zu stellen, ohne jetzt auf die Maschine und auf das einzelne Bit runterzugehen.
Bei der Überarbeitung stellt sich heraus, daß so manche Arbeitsweisen informatiktypisch sind. Eine dieser informatiktypischen Arbeitsmethoden ist die Team- oder Projektarbeit und man erkennt jetzt, nachdem man zum ersten Mal die Materialien erprobt hat, daß man nicht an irgendeiner Stelle irgendwann Projektarbeit machen kann, sondern, daß das ein Lernziel ist, welches in der Oberstufe geübt werden muß.
Insofern würde ich sagen, auch wenn die Inhalte in den Richtlinien festliegen und wir in dieser Gruppe auch an die Richtlinien gebunden sind, heißt das nicht, daß wir vollkommen andere Vorstellungen haben. Es ist schon so, daß sich die Inhalte mit den Richtlinien decken. Gegenstand der gegenwärtigen Diskussion ist, dieses auszuführen. Wir versuchen, es didaktisch und methodisch aufzuarbeiten und den Lehrern mitzugeben.

Herr Meier nahm aus der Sicht der Schulverwaltung Stellung zu Curriculumentwicklung und Lehrerfortbildung.

"Das Fach Informatik, das gibt mir häufig zu denken, hat schulisch eine ganz außerordentliche Geschichte, so etwas ist noch nie dagewesen. In so großer Geschwindigkeit hat sich niemals in der gesamten gymnasialen Geschichte - wenn Sie wollen, seit den Anfängen des Gymnasium Paulinum, also seit 1100 Jahren - ein Schulfach etablieren und wohl auch einen relativen Respekt verschaffen können.
Das Schulfach ist binnen zweier Jahrzehnte aus dem Versuchsstadium immerhin in den Rang eines, und nicht gerade des letzten,

Wahlpflichtfaches geraten. Es kann bereits, auch mit dem Segen der Kultusministerkonferenz, drei Pflichtbedingungen abdecken: Das Aufgabenfeld kann abgedeckt werden, es kann, wenn Mathematik abgewählt wird, die Verpflichtung, bis zum Ende der 13 eine zweite Naturwissenschaft zu wählen, abdecken, und es kann in der 11 die Verpflichtungen einer zweiten Naturwissenschaft abdecken. Das ist eine Menge. Und dieses Wachstum hat natürlich die Schulen vor große Probleme gestellt. Eins der größten Probleme, das trifft sich nun mit den Überlegungen zur Lehrerfortbildung, bestand in der Lehrerversorgung. Man kann eigentlich ein Schulfach nicht gründen, ohne Lehrer dafür zu haben. Hier haben die Lehrer aus Eigeninitiative, gewissermaßen selbstregelnd, Pionierleistungen vollbracht.

Der Minister hat das Fach ja nicht gegründet, dann hätte er nämlich Auskunft über dieses Problem geben müssen: wer soll das Fach unterrichten? Die Lehrer sind gekommen und die Schüler gleichermaßen und haben mit den Eltern zusammen das Fach weitgehend selbständig eingerichtet, auch finanziert. Selbst heute noch sind viele Maschinen von Eltern finanziert. Und die Lehrer haben sich in ihrer Freizeit hingesetzt und gesagt: Wir sehen einfach die Entwicklung. Wir können unserer Jugend diese Entwicklung nicht verschließen, wir müssen ihnen rechtzeitig die Tore öffnen. Sie haben in AG's begonnen, Informatik zu unterrichten, sie haben sich in die neue Materie eingearbeitet, haben viele Umwege, auch curriculare Umwege, beschritten. Der erste programmierbare Taschenrechner, das war fast ein Meilenstein in der Entwicklung.
Und dann eines Tages war dieses Fach in der Oberstufe des Gymnasiums relativ ausgeformt, und es gab die ersten Lehrer, die mit Ausnahmegenehmigung eine Lehrbefähigung in Informatik erworben hatten. Und in dem Augenblick sagten wir, wir sind jetzt eigentlich so weit, daß wir a) eine inhaltliche Beschreibung des Ist-Standes machen können, und b) daß wir jetzt eine großangelegte, vom Land eingerichtete Lehrerfortbildung brauchen. Das haben wir einige Jahre immer wieder als Forderung vor uns hergetragen, und vor zwei Jahren war es dann im Zuge des Modellversuchs "Grundbildung" auch erreicht, daß wir eine relativ gründliche und anspruchsvolle Lehrerausbildung, einen Kurs über zwei Jahre, genehmigt und finanziert bekommen haben.

In diesen Tagen, im Sommer, läuft der erste Durchgang aus. Wir haben dabei im Gymnasium in über 20 Stützpunkten landesweit je ca. 20 Tagungsteilnehmer ausgebildet. Dies ist doch schon eine große Schar von relativ kompetenten Lehrern, den bestausgebildeten Lehrern in Informatik, die wir dann haben werden.
Diese Entwicklung hat dazu geführt, daß diese Lehrerausbildungsmaßnahme, so wie Herr Reuter das auch sagte, curriculare Vision geworden ist.
Wir haben sofort gesagt, was die Hochschule tut und leisten kann, das können wir in dieser Lehrerausbildungsmaßnahme nicht tun. Die notwendigen Kapazitäten hätte uns die Hochschule auch nicht zur Verfügung gestellt.
Wir haben unsere erfahrensten und bestausgebildeten Lehrer - wir hatten inzwischen einige, die ihr Diplom an der Hochschule gemacht hatten - zu Moderatoren genommen und haben dann versucht, eine noch nicht häufig praktizierte Methode zu Grunde zu legen, nämlich: Lehrer auf einem relativ hohen <u>fachlichen</u> Niveau auszubilden, aber gleichzeitig mit dem Material, das sie dann unmittelbar auch für die Schule verwenden können, damit der Transformationsprozeß für ihren Einsatz in der Schule abgekürzt werden kann. Denn dieser drängte sehr.
Wir haben also versucht, alle Unterrichtsstoffe, die überhaupt als Kernstoffe in Betracht kamen, gleichzeitig als Gegenstand der Lehrerfortbildung zu nehmen und diese gegebenfalls nur zu erweitern und von einem höheren Standpunkt aus zu betrachten. Und nun kam sehr viel Rückmeldung, weil die Kollegen natürlich doch eine ganze Portion Erfahrungen gemacht hatten, teilweise auch noch weitergehendere Erfahrungen, als die Moderatoren selbst sie besaßen.

Das hat zu einer Stufe der Evaluation der Materialien geführt, die uns noch heftig zu tun gibt. Aber ich denke, daß nun ein Curriculum entsteht, das wohl eine sehr große Praktikabilität aufweisen wird und auch Schülernähe, daß wir also nicht an den Bedürfnissen der Schüler vorbei konstruieren.
Es wird allerdings wohl auch eine Differenz zu akademischen Ansprüchen bestehen. Das ist klar, wenn Lehrer aus überwiegend didaktischen Überlegungen heraus entscheiden, werden einige wissenschaftliche Fragestellungen außen vor bleiben.

Die Richtlinienarbeit findet zur Zeit wesentlich in diesen Lehrerausbildungsveranstaltungen statt. Die Kompetenz, die überhaupt im Lande besteht, ist dort verfügbar und konzentriert. Die Moderatorengruppe besteht inzwischen aus annähernd 50 Kollegen. Es ist der eigentliche Kernsachverstand, über den wir im Land NRW verfügen, und auch die Kollegen, die an der Ausbildung teilnehmen, haben im großen und ganzen bereits solide Grunderfahrungen aus dem Unterricht.

In den kommenden Jahren versuchen wir, alle interessierten Lehrer einzuladen und zwar auch Kollegen mit Lehrbefähigungen aus fernerliegenden Fächern. Da wird also auch der Germanist oder der Soziologe kommen können.

Verzeichnis der Teilnehmer

Aldejohann, Reinhard, RSD
Landesinstitut für Schule und Weiterbildung
Paradieser Weg 64, 4770 Soest

Baerenreiter, Harald, Dipl. Soz.
Fernuniversität Hagen, Projekt 'Jugendliche Computer-Fans'
Postfach 940, 5800 Hagen

Baller, Jochen
Mitarbeiter des 'Vermittlungsbüro Mensch und Technik'
Graf-Adolf-Str. 22, 4000 Düsseldorf 1

Bienengräber, Ute
Universität Münster,
Mitarbeiterin des Projektes 'Schüler und Computer'
Brüggemannweg 3, 4400 Münster

Bornefeld-Ettmann, Michael
Universität Münster
Leiter der Arbeitsstelle Forschungstransfer
Schloßplatz 1, 4400 Münster

Brockmeyer, Anne
Universität Münster
Straßburgerweg 87, 4400 Münster

Bruckmann, Klaus, OStR
Informatiklehrer am Johann-Conrad-Schlaun-Gymnasium
Ricarda-Huch-Str. 15, 4400 Münster

Elpers, Marietta
Universität Münster,
wiss. Mitarbeiterin des Projektes 'Schüler und Computer',
Staufenstr. 65, 4400 Münster

Freiberger, Hansjörg, OStR Dr.
Informatiklehrer am Annette-von-Droste-Hülshoff-Gymnasium
Althausweg 38, 4400 Münster

Gottwald, Christine
Universität Münster,
wiss. Mitarbeiterin des Projektes 'Lokaler Raum und Telematik'
Natz-Thier-Weg 66, 4400 Münster

Hack, Wolfgang, OStR
Informatiklehrer am Gymnasium Wolbeck
Am Breitenbusch 10, 4416 Alverskirchen

Hanenkamp, Claudia
Universität Münster,
Mitarbeiterin des Projektes 'Schüler und Computer',
Schürbusch 15, 4400 Münster

Hoffmann, Peter
Universität Münster
Mitarbeiter des Projektes 'Schüler und Computer',
Grevenerstr. 72, 4400 Münster

Hülsmann, Bernhard, Dr.
Leiter des Projektes 'Lokaler Raum und Telematik'
Universität Münster
Am Kem 6, 4544 Ladbergen

Isbach, Werner, StR
Informatiklehrer am Wilhelm-Hittorf-Gymnasium
Prinz-Eugen-Straße, 4400 Münster

Kähler, Eckart, StR
Informatiklehrer am Gymnasium Kinderhaus
Plantstaken 15, 4400 Münster

Kettler, Ulrich
Universität Münster,
wiss. Mitarbeiter des Projektes 'Schüler und Computer'
Breul 36, 4400 Münster

Klein, Hans-Werner
Mitarbeiter des Projektes 'Integrativ/Segregativ in der Primarstufe' (INSEG)
Universität Münster, Fachbereich 9
Fürstenbergstr. 7, 4400 Münster

Kötter, Udo
Universität Münster,
Mitarbeiter des Projektes 'Schüler und Computer'
Grevenerstr. 72, 4400 Münster

Korber, Beatrix
Universität Münster
Marientalstr. 25, 4400 Münster

Kotte, Dieter
Universität Hamburg
Ückorstr. 38, 2000 Hamburg 55
Lehmann, Rainer, Prof. Dr.
Universität Hamburg, Fachbereich 06
Vom-Melle-Park 8, 2000 Hamburg
Link, Ruth
Universität Münster,
Mitarbeiterin des Projektes 'Neue Medien im Alltag von Kindergartenkindern'
Raesfeldstr. 33, 4400 Münster
Lippe, Wolfram-M., Prof. Dr.
Universität Münster, Institut für Numerische u. Instrumentelle Mathematik - Informatik
Lommel, Peter, OStR
Informatiklehrer am Gymnasium Kinderhaus
von-Humboldt-Str. 14, 4400 Münster
Ludwig, Hans-Joachim, StR
Informatiklehrer am Gymnasium St. Mauritz
Scheffer-Borchorst-Str. 7, 4400 Münster
Meier, Wolfgang, LRSD
Dez. 43, beim Reg.-Präsident
4400 Münster
Möller, Herbert, Prof. Dr.
Universität Münster, Heinrich-Behnke-Seminar für Didaktik der Mathematik
Einsteinstr. 62, 4400 Münster
Morsbach, Bernhard, StD
Informatiklehrer an der Friedensschule
Jupiterweg 28, 4400 Münster
Paesler, Joachim, StD
Informatiklehrer am Kardinal-von-Galen-Gymnasium
Zum Rotenberge 25, 4400 Münster - Hiltrup
Paul, Gerd, Diplom Soziologe
Universität Frankfurt, Institut für Sozialforschung
Projekt 'Heranwachsende und Computer'
Senckenberganlage 26, 6000 Frankfurt/Main 1

Pietig, Achim
Universität Münster,
Mitarbeiter des Projektes 'Schüler und Computer'
Hensenstr. 188, 4400 Münster
Reuter, Malte, OStR
Informatiklehrer am Ratsgymnasium
Masurenweg 8, 4400 Münster
Riegel, Aud
Schulamt der Stadt Münster
Postfach 5909, 4400 Münster
Rind, Bärbel
Universität Münster
Steinfurter Str. 122, 4400 Münster
Sander, Wolfgang, Dr.
Universität Münster, Fachbereich Erziehungswissenschaft,
Leiter des Projektes 'Schüler und Computer'
Georgskommende 33, 4400 Münster,
Schelte, Walter, StR
Informatiklehrer am Freiherr-vom-Stein-Gymnasium
Im Koppelfeld 10b, 4435 Horstmar
Schmidt-Felten, Ullrich
Universität Münster, Institut für Soziologie
Winkelmannstr. 14, 4400 Münster
Schoch-Bösken, Joachim
Universität Münster,
Mitarbeiter des Projektes 'Schüler und Computer'
Kirchherrngasse 10, 4400 Münster
Schumacher, Michael
Universität Bielefeld, Institut für Soziologie
Projekt 'Persönlichkeit und Computer'
An den Voßbergen 44a, 2900 Oldenburg
Slawig, J.
Stadt Münster
Ludgeriplatz 4-6, 4400 Münster

Tietze, Wolfgang, Prof. Dr.
Universität Münster,
Leiter des Projektes 'Neue Medien im Alltag von Kindergartenkindern'
Kapitelstr. 18, 4400 Münster

Tretow, Rüdiger, OStR
Informatiklehrer am Annette-von-Droste-Hülshoff-Gymnasium
Lohausweg 36, 4400 Münster

Tüllmann, Georg, StR
Informatiklehrer am Immanuel-Kant-Gymnasium
Schwarzer Kamp 60, 4400 Münster

Willkomm, Sabine
Universität Münster,
Mitarbeiterin des Projektes 'Schüler und Computer'
Nordstr. 28/30, 4400 Münster

Zeppenfeld, Rolf, StR
Informatiklehrer am Gymnasium Wolbeck
4540 Lengerich

Zywek, Jörg
Mitarbeiter des 'Vermittlungsbüro Mensch und Technik'
Franz-Arens-Str. 15, 4300 Essen 1